宁波市名师工作室系列

本书为全国教育科学规划单位资助教育部规划课题
“基于素养培育的小学课程体系研究”
（FHB180592）研究成果

支架式教学

语文课堂走向深度学习

SCAFFOLDING INSTRUCTION
CHINESE CLASSROOM TEACHING MOVING
TOWARDS DEEP LEARNING

叶建松　邹渭灿　劳勤莉
主　编

ZHEJIANG UNIVERSITY PRESS
浙江大学出版社
·杭州·

图书在版编目（CIP）数据

支架式教学 ：语文课堂走向深度学习 / 叶建松，邹渭灿，劳勤莉主编. — 杭州 ：浙江大学出版社，2023.11

ISBN 978-7-308-24419-0

Ⅰ. ①支… Ⅱ. ①叶… ②邹… ③劳… Ⅲ. ①小学语文课—课堂教学—教学研究 Ⅳ. ①G623.202

中国国家版本馆CIP数据核字(2023)第212371号

支架式教学：语文课堂走向深度学习

叶建松　邹渭灿　劳勤莉　主编

责任编辑　赵　静
责任校对　胡　畔
封面设计　林智广告
出版发行　浙江大学出版社
（杭州市天目山路148号　邮政编码　310007）
（网址：http：//www.zjupress.com）
排　　版　杭州林智广告有限公司
印　　刷　杭州钱江彩色印务有限公司
开　　本　710mm×1000mm　1/16
印　　张　13.5
字　　数　250千
版 印 次　2023年11月第1版　2023年11月第1次印刷
书　　号　ISBN 978-7-308-24419-0
定　　价　78.00元

编委会

序

笃行致远，惟实励新

教师职业的内涵是什么？叶澜教授将其概括为“教天地人事，育生命自觉”。教育的“育”给人最大的一个礼物就是“让每个孩子变成更好的自己”，教育使孩子懂得自己是谁，学会把握自己的命运。叶澜教授认为，“这是教师能够给学生的最好的礼物，一辈子受用的礼物”。教育的关键，就是真正实现学生的自我认知。

在当今教育体制下，巨大的压力严重损耗着教师对自身职业的认同，职业倦怠感席卷每一位一线教师，几乎每一位教师都推着“应试”这块“西西弗斯巨石”，日复一日，年复一年，周而复始地辛勤劳作着……也正因如此，时代更呼唤有智慧的教师。我们通过自身的实践探索和理论研究，在知行合一中和周而复始的劳作中找到希望，看到光明，获得快乐，消除倦怠。

宁波市小学语文叶建松名师工作室成立整整一周年了。其成立的初心就是推动教师专业化成长，培养有智慧的小学语文教育工作者。在这一年里，工作室的成员们从相识到相知，携手而行，相互促进，共同成长。我们脚踏实地，一步一个脚印，一次次地深入小学语文支架式教学研究，线上探讨、线下研究、反思写作……如同攀登阶梯，过程有些辛苦，但一路风景迷人。工作室成员张芳芳老师在《小学语文支架式教学》书稿交流中曾说：“知道在哪里，就能保持从容；知道走向何方，才能不迷茫。作为工作室成员，最大的期待是：创设专家引领、同伴互助、自我反思的三条途径，达成‘传道、授业、解惑’的三大目的。”

成长是人们发现自我潜能、自我价值，实现自我理想的过程，成长无可替代。在叶建松老师的带领下，成员们执着于语文教学研究，以“支架式教学”研究为抓手，追求“学本语文课堂”，形成“扎实、智趣”的教学风格。工作室以“小学语文支架式教学”为理论依据，结合新课标实施中的一些重点难点问题开展研讨，如整本书阅读、群文阅读、思辨性阅读、语文活动、活动化写作等，张芳芳、夏丹丹、周亭庭等老师执教了宁波市公开课；工作室成员为全市（区域）语文教师提供科研培训，指导课题开题，通过公开课、专题讲座，做好课标、教材之间的过渡与衔接，为语文核心素养的提升提供了多个具有实操性的教学案例，有效地指导了区域的语文教学，培养了一批实施新课标的骨干教师。在一年的小学语文支架式教学探索中，成员们不断提升自身运用支架式教学的能力和智慧，不断反思、不断实践，让工作室这一教师成长共同体尽可能地发挥作用，促进不同层次的成员在支架式教学中获得成长。

支架式教学是一种高度沉浸、不断持续深化、不断扩展延伸的学习方式，学习者是沉浸其中、精神高度集中、内心愉悦充实的，所以学习能持续下去，甚至养成终身学习的习惯。工作室搭建的平台，让热爱教书育人、迷恋学生成长的教师们不断相逢；工作室的成员们各具特色，各美其美却又美美与共，在各自的小学语文教育、课堂教学岗位上花香四溢，让所处之地春色满园；领导、专家、导师和编辑们，不断引领和推动成员们前行，让大家得以拓宽视野、开启心智，始终精神明亮、步履坚定地迈向真正的教育……

小学语文支架式教学探索呈现的不只是书稿，还应该有“花开”的声音。教育教学中最美的声音是工作室成员们生命里“成长拔节”的声音。回首这一年，在叶建松老师的带领下，工作室的兄弟姐妹们一路播种、辛勤耕耘、砥砺前行，昂首迈向更为广阔的语文世界！

目录

CHAPTER 1

第一章

支架式教学的产生背景

第一节　支架式教学的内涵特征

一、支架

支架，最早是美国著名心理学家、教育家布鲁纳从建筑行业借用的一个术语，即“脚手架”。建筑工人面对眼前存在一定高度的工作任务时，需要借用脚手架来帮助完成工作。这一支架起到的是辅助作用，提供暂时性支持，当建筑任务完成后，支架也就完成了使命。

维果茨基认为，儿童的智力水平有两种：一种是儿童现有的“实际发展水平”，一种是“潜在发展水平”，两种水平之间的区域称为“最近发展区”。在教育活动中，儿童可以凭借更有见识的人提供的帮助来完成原本自己无法独立完成的任务。本书中的“支架”指的是对儿童解决问题和建构意义起辅助作用的概念框架。

二、支架式教学

20 世纪 70 年代，布鲁纳在研究母亲如何影响幼儿语言发展的过程中发现，母亲给予的语言支持与建筑上使用的支架有极其相似之处，于是，他将这种支持扩展到教学领域，正式提出了“支架式教学”的概念。①

欧洲共同体“远距离教育与训练项目”（DGX Ⅲ）对“支架式教学”的定义是：“‘支架式教学’应当为学习者建构对知识的理解提供一种概念框架。这种框架中的概念是为发展学习者对问题的进一步理解所需要的，为此，事先要对复杂的学习任务加以分解，以便于把学习者的理解逐步引向深入。”②

支架式教学是在皮亚杰建构主义认知理论和维果茨基“最近发展区”理论上发展起来的。教学活动中，身为课堂主导的教师，基于学生的“实际发展水平”

---

① 王颖 . 维果茨基最近发展区理论及其应用研究 [J]. 山东社会科学 , 2013(12): 180−183.

② 何克抗 . 建构主义的教学模式 . 教学方法与教学设计 [J]. 北京师范大学学报（社会科学版）, 1997(5): 74−81.

提供一套恰当的“概念框架”作为学生学习过程中的“脚手架”，以帮助学生理解新知识、建构新知识意义；学生则在教师指导下进行实践活动，从而逐步建构、内化、掌握新知。随着支架的撤离，学生的独立认知技能也随之达到“潜在发展水平”。

三、支架式教学五要素

支架式教学的最终目标是培养学生的独立学习能力。在这种能力的形成过程中，需要教师搭建教学“脚手架”，它是为学生的学习活动提供支持的一种方式。在特定视角中，支架式教学赋予教学模式这样一个特征，即把学习过程中的责任担当从博学的他者身上转移到少闻的学习者身上去。在这个过程中主要有五个基本要素①：

（1）起支持作用的“博学他者”，即教师。

（2）学习活动中的“学习者”，即原本处于实际发展水平的学生。

（3）学习者凭借一己之力不能取得的某些“教育成果”，即学生得到支持帮助后才能获得的新知识、新方法、新技能、新能力。

（4）极具“建设性”的方式，即教师建构的一系列有助学生学习过程的教学“脚手架”形式。

（5）在初学者越来越接近预期教育成果的时候，那些曾经发挥过“临时性”功效且逐渐稳步隐退的要素，即各种支架内容。

能让以上五要素发生关联的就是搭建教学“脚手架”。教师所规划出的那条发展路径可以指引学生从“现有发展区”到达“潜在发展区”。因此，支架式教学是一种深思熟虑的进程，它以维果茨基的“最近发展区”理论为依托，包含了一系列可操作的步骤、抉择和互动交流，它们可以帮助学生不断提升独立学习的水平。

目前最著名的支架式教学模式之一是皮尔森和加拉赫提出的“逐步让渡责任”模式，它给教师提供了一个便于操作和实践的系统性安排，让教师可以随着时间的推移从一个发挥巨大作用的角色转变为参与较少的角色，而学生要在

① 汤普森．支架式教学：培养学生独立学习能力 [M]. 王牧华，等译．重庆：西南师范大学出版社，2018.

学习活动中承担更多、更大的责任，以培养走向更高阶段的独立性。

通过以上分析我们可以看到，支架式教学实际上就是构建了一种具有高度自主性与创造性的课堂教学结构。所谓自主探究性，实质上是学生对问题提出疑问，自己寻找答案或解决问题。在这个基础上，教师组织和引导学生积极探究，不断发现新的思维点和解决新的困难，使他们能够真正实现由被动接受向主动探索的转变。因此，支架式教学不仅强调师生之间的交流互动，还注重让学生学会获取相关信息和经验。

第二节　支架式教学的发展现状

支架式教学以开放的课堂环境作为平台，打破传统课堂教学模式的束缚，激发了学生的主观能动性，促进了学生思维能力和创新能力的提高；同时也体现出现代教育学理论所要求的主体性原则和发展性思想。所以，支架式教学受到教育界及广大教育工作者的青睐。为了解支架式教学在语文教学中的研究现状，我们收集数据并进行分析，总结经验，发现不足，以促进支架式教学的纵向深入发展，提高小学语文教学效率。

一、现状研究方法

我们对支架式教学现状的了解主要是通过文献研究。文献研究通常是基于著作、在期刊上发表的论文、学位论文等文献，对现有成果进行总结、分析、评价或综合的一种研究方法。[①]采用文献分析法总结、分析、评价收集到的相关数据，目的是更好地了解支架式教学在小学语文教学中的研究发展现状，为支架式小学语文教学研究提供参考。

① 徐山燕．国内支架式教学法研究综述．[J]．文教资料，2021(14)：150，180−182.

二、数据来源与分析

（一）整体数据来源与分析

进入中国知网，在学术期刊库中，设定主题词“支架式教学”，不设时间限制，数据最后更新时间为 2022 年 7 月 21 日，共检索到 2516 篇文献。以上相关文献，按发表时间升序排列，发现国内最早与支架式教学相关的文献发表于 1996 年，而最早将支架式教学应用于教学的是 1999 年袁宗金老师的《论支架式教学模式在地理教学中的应用》，所以研究时间跨度是 1996—2022 年。

如图 1–1 所示，从整体上来说，支架式教学研究的论文发文量 1996—2016 年呈上升趋势，2016—2022 年呈波浪式上升。其中，2017 年和 2021 年较前一年有所下降。2013 年发文量突破百篇，2016 年论文数量上升最为明显。

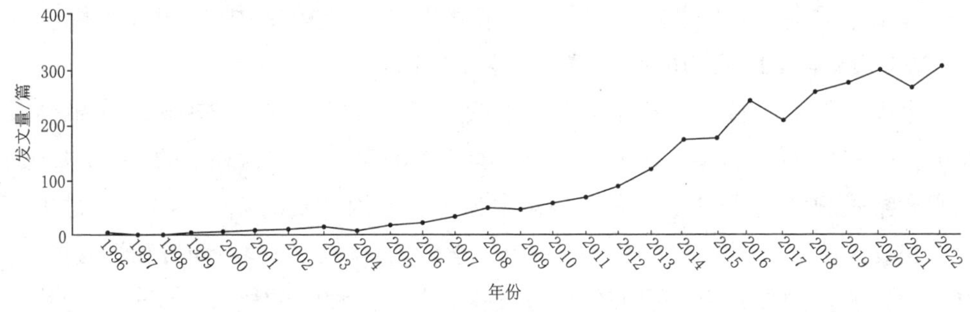

图 1–1　支架式教学应用于国内学科教学的论文发文量趋势（1996—2022）

如图 1–2 所示，2516 篇文献中“支架”“支架式”“支架式教学”相关主题的文献合计 1203 篇，占 47.81%；“支架式教学模式”“教学模式”“教学策略”“教学设计”相关主题的文献合计 373 篇，占 14.83%；支架式教学在不同教学程度学科运用的文献共计 347 篇，占比 13.79%；涉及阅读、写作的文献合计 203 篇，约占 8.07%。由此可见，支架教学理论解读研究的文献居多，实践操作研究的相对较少。从学科研究对象看，主要是高中英语、高中化学、初中英语、初中数学。高中、初中对支架式教学实践比小学学科更为广泛。从课程类型看，支架式教学聚焦在英语或语文学科写作教学与阅读教学。在这些课程中，它更具适用性、可行性和必要性。

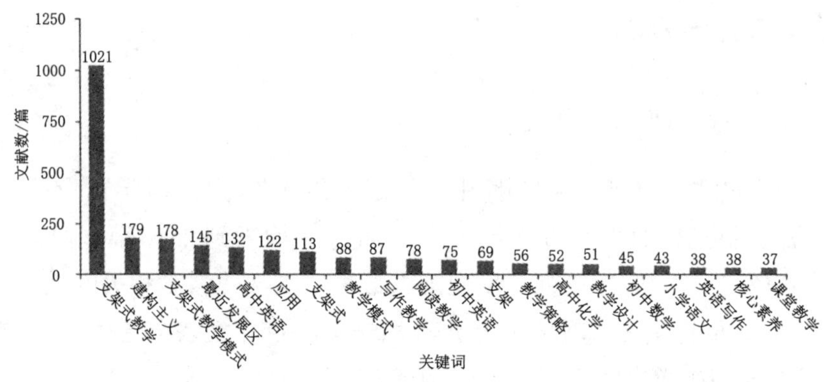

图 1-2　支架式教学应用于国内学科研究文献前 20 个关键词分布

（二）教育程度分类数据分析

基于主题词“支架式教学”检索的条件要求，并含“高中”，得 679 条，并含“初中”，得 349 条，并含“小学”，得 281 条。

由表 1-1 可以看出，从不同教育程度研究对象看，有 27.70% 的文献涉及高中，13.87% 的文献涉及初中，而与小学相关的文献占文献总量的 11.17%。这说明支架式教学运用研究以高中、初中为主。原因主要有以下两点：一是中学学段相较于小学，因需面对中考、高考，学生拥有更强的学习动机和学习压力，也使中学阶段的教师更有研究的干劲；二是支架式教学的核心在于知识的获得是通过学生自我主动构建的，中学生经过多年学习更具自觉性、主动性、独立性，而小学生则处于这些能力的萌发训练期，相对弱势，被动性更明显。

表 1-1　国内支架式教学论文发文量及占比情况

类别	发文量 / 篇	占比 /%
大学	100	3.98
高中	697	27.70
初中	349	13.87
小学	281	11.17
其他	1089	43.28
总计	2516	—

（三）小学语文相关数据分析

为更深入了解支架式教学在小学语文课程中的研究应用现状，在高级检索中选择主题词“支架式教学”，并含“语文”，共有215条文献，占总体的8.54%。增加筛选主题词“小学语文”，信息呈现43条，占总体的1.71%。

在这215篇文献中，2001年中学教师崔明强第一次将支架式教学运用于语文教学中。2009年小学教师梁承晖第一次发表了关于支架式教学的论文《小学语文合作学习支架式教学策略探讨》。国内对支架式教学的研究从1996年开始，而小学语文教学对它的研究运用，足足晚了13年，起步晚，成果少。

聚焦已经发表的43篇小学语文支架式教学相关文献，其发表时间与趋势如图1–3所示。

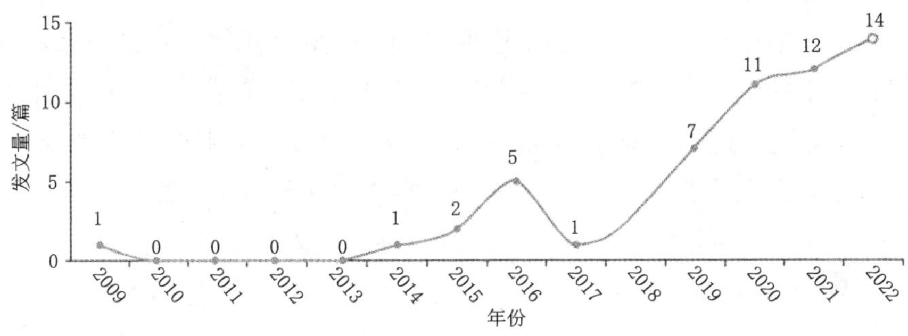

图1–3 支架式教学在小学语文运用中相关论文发文量

由图1–3可以看出，支架式教学在小学语文运用中的相关研究，时间范围是2009—2022年，梁承晖于2009年发表第一篇论文，之后4年发表量为0，到了2014年才又有了1篇。2014—2017年发表9篇，研究初有成果。2019—2022年，小学语文支架式教学研究继续发展，文献数量虽比不上其他学段，但明显已得到了教师们的关注与实践。为了便于分析，本书将2009—2022年按时间划分为三个阶段：2009—2014年为萌芽期，2015—2017年为初探期，2019—2022年为发展期。

如图1–4所示，从研究内容看，支架式教学在小学语文中运用的相关研究主要集中于这样4个关键词：习作教学、写作教学、作文教学、单元习作，其实就是指向一个内容——学生写作指导，少量涉及阅读教学、古诗教学、合作学习、错题纠正与学习兴趣。

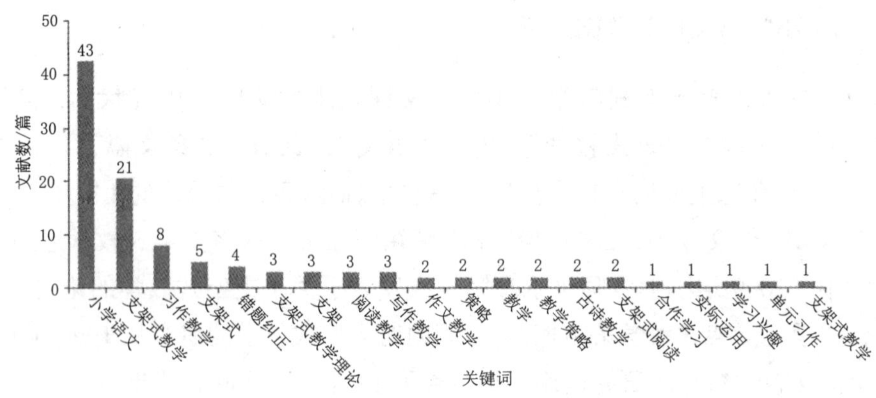

图 1–4　支架式教学在小学语文运用中相关论文关键词分布

（1）萌芽期

支架式教学在小学语文中的运用研究起步于 2009 年梁承晖第一次发表的关于支架式教学的论文《小学语文合作学习支架式教学策略探讨》。该文在介绍支架式教学策略的基础上，对小学语文合作学习运用支架式教学策略进行了设计，并讨论了小学语文合作学习支架式教学策略的功能与意义。之后 4 年，在小学语文领域无相关文献记录。2014 年，孔秀英在古诗教学中探索运用支架式教学，通过分析目标、搭建教学支架、创设情境、探究知识，引导学生在小组学习交流中培养自主学习能力，在活动时开展效果评价，以提高学生学习兴趣。

（2）初探期

初探期时间跨度是 2015—2017 年，如图 1–3 所示，这一阶段共有 8 篇论文，较萌芽期有了较大增长。萌芽期 6 年仅有 2 篇论文将支架式教学应用于小学语文小组合作与古诗教学。初探期有更多教师将支架式教学引入小学语文课堂实践，运用于写作教学、阅读教学，并有了自己的体验思考，如：储晓丽认为支架式教学正好能解决写作教学中存在的问题，对提高写作教学质量有着积极促进作用。[①] 李会云提出运用支架式教学，搭建素材支架、表达方法支架、思维导图支架，能让学生思路清晰地写作。[②] 杨洁莹提出了基于概念图的小学语文支架式教学策略研究，结合阅读教学课例展开，证明支架式教学有助于学生

① 储晓丽 . 在小学语文写作教学中支架式教学理论的运用 [J]. 教师博览（科研版）, 2015,58(10): 22–23.

② 李会云 . 支架式教学在小学习作教学中的应用研究 [J]. 教育实践与研究 (A), 2016(2): 32–35.

阅读理解能力的提高。[①] 支架式教学中支架的搭建需要寻找合适的知识与能力的生长点、需求点，这些落在学生的“最近发展区”上，曹桂芳就如何找准支架点这一难点进行了探索。[②]

初探期，研究者在实践中遇到了一些困难，这些困难的解决与否将直接影响支架式教学在小学语文教学中的运用。一是有些教师并未接受过有关支架式教学专门、系列的培训，教师不会使用。二是如何找到学生知识、能力的生长点，将支架落在学生的“最近发展区”上？三是学生个体不同，“最近发展区”也不尽相同，如何在课堂 40 分钟时间内提供满足全体学生需求的个性化支架？

（3）发展期

发展期的时间跨度是 2019—2022 年，截至 2022 年末，已经发表文献 36 篇，这一阶段文献数量远远超过前两个阶段的总和。

从研究内容看，仍然以阅读与写作课为主。如：尚丽莉[③]、石锁巍[④]、盛月[⑤]、唐承新[⑥]、于广谊[⑦]等将支架式教学应用于阅读课堂，他们的实践操作结果充分证明了该教学方法的可行性与有效性。值得注意的是，尚丽莉提出了支架式教学在阅读课堂上的五步策略：一是完善支架搭建；二是创设恰当的教学情境；三是加强问题探究；四是完善合作交流；五是优化评价与拓展。她认为，在精心设计各项阅读教学活动时，应充分认识到优化支架式教学模式的科学运用既有助于各项教学环节与成果的进一步优化，也能够为学生核心素养全面提升提供有力的支持。康承新对支架式阅读法在小学语文教学中的构建与应用研究得非常深入。他的文章基于支架式教学的内容和理论依据及常见的支架式阅读教学的类型，提出在语文阅读中建构支架体系时应注意掌握学情、搭建支架、情景化的合作探究、效果评价的教学建议，从而保障阅读教学的有效性。余江慧[⑧]、谢

① 杨洁莹 . 基于概念图的语文支架式教学策略 [J]. 小学教学参考 , 2016(10): 19−21.

② 曹桂芳 . 探寻支架教学方式关注学生阅读能力的研究 [J]. 成才之路 , 2015(35): 41.

③ 尚丽莉 . 小学语文支架式阅读教学分析 [J]. 小学生作文辅导 (读写双赢), 2019(1): 20.

④ 石锁巍 . 浅析支架教学理论在小学语文阅读教学中的应用策略 [J]. 天天爱科学 (教学研究), 2019(7): 20.

⑤ 盛月 . 为阅读搭建支架——语文支架式教学的应用研究 [J]. 启迪与智慧 (教育), 2019(9): 34.

⑥ 唐承新 . 支架式阅读法在小学语文教学中的构建与运用研究 [J]. 广西教育 , 2020(1): 28−29.

⑦ 于广谊 . 小学语文支架式阅读的思考 [J]. 小学生 (中旬刊), 2020(3): 68.

⑧ 余江慧 . 例谈小学语文写作支架的教学设计 [J]. 新课程研究 , 2019(10): 27−29.

国芬[①]、郑勇[②]、郭芳蕊[③]、张嘉欣[④]、郭玉芳[⑤]等人将支架式教学运用到写作教学中，比初探期的研究更为细致，研究的支点更多元，运用的支架形式更为丰富多样。余江慧在分析小学语文写作教学现状及存在问题的基础上，以写作单元为例，详细论述了在写作教学中开发的三种支架式教学法：总体把握单元的备课设计支架、突出重点的课时教学设计支架和掌握不同内容方法学习支架，充分发挥教师的主导作用，设计好单元目标及内容，给学生搭建好学习支架，让学生在“最近发展区”内实现学习水平的逐步提高，提升写作的实效性。张嘉欣认为在支架式教学模式下，层层深入的导学支架能够帮助学生增强写作兴趣，掌握写作技巧，提升写作能力，是学生能够在写作方面顺利进入“最近发展区”的助推力量。郭小瑜则将支架式教学运用专门指向习作评价研究，设计了自评、互评的习作评改工具。[⑥]该工具的设计科学，融合评价、指导、互动、反馈于一体，促进师生双方多项、多维的书面交流，建构了较为科学的动态评价体系，有助于提高学生习作评改能力，提升学生语文习作水平。

发展期对支架式教学的研究，不仅运用于阅读与写作，还运用于拼音教学、错题纠正、思维训练、兴趣激发等方面。如：吴梦思将支架式教学运用于拼音教学，提出运用情境支架、合作学习支架、策略支架、提问支架、阶梯支架来降低一年级学生学习拼音的难度。[⑦]范利[⑧]、许乃文和许健[⑨]、袁彩梅等讨论、研究了如何在小学语文纠正错题中有效地运用支架式教学，提高学生自主学习能力以及解决问题的能力。[⑩]张艳玲创新支架式教学理论的应用，不断从日常的教学中发掘和积累教学经验，引导小学生在语文课堂中进行分解学习，形成一定的思维框架，能更好地进行深度学习，促进小学生核心素养的持续提升。[⑪]

---

① 谢国芬 . 支架式教学 : 让学生表达走向自觉 [J]. 教育观察 , 2019(26): 45−46.

② 郑勇 . 支架式教学理论下的小学习作教学研究 [J]. 小学生作文辅导 (上旬), 2020(7): 8.

③ 郭芳蕊 . 基于支架式教学理论的小学语文习作教学 [J]. 新课程导学 , 2020(30): 43−44.

④ 张嘉欣 . 小学语文写作教学中导学支架的搭建 [J]. 基础教育研究 , 2021(5): 58−60.

⑤ 郭玉芳 . 支架式教学下的小学语文习作教学探析 [J]. 文科爱好者 (教育教学), 2022(1): 140−141.

⑥ 郭小瑜 . 小学语文单元习作评价表研究 [J]. 基础教育研究 , 2022(2): 43−45, 48.

⑦ 吴梦思 . 支架式教学在部编版小学语文拼音教学中的应用 [J]. 广西教育 , 2020(37): 51−53.

⑧ 范利 . 支架式教学在小学语文错题纠正中的有效应用 [J]. 新课程 , 2020(51): 123.

⑨ 许乃文 , 许健 . 支架式教学对小学语文错题纠正的应用研究 [J]. 安徽教育科研 , 2021(1): 114−115.

⑩ 袁彩梅 . 支架式教学在小学生语文错题纠正中的应用 [J]. 小学生作文辅导 (语文园地), 2021(4): 1.

⑪ 张艳玲 . 基于支架式教学理论下的小学语文习作教学探究 [J]. 家长 , 2021(36): 159−160.

发展期的研究成果是喜人的，对支架式教学的模式研究更成熟，运用范围更广泛，研究角度更多元，支架教学功能更全面。但问题仍然存在，比如，如何让更多的教师了解支架式教学，并能较为熟练地运用于课堂教学？面对大班教学，如何搭建个性化支架，让更多的学生能在自己的“最近发展区”通过支架自主攀援向上学习，顺利到达“潜在发展区”？大多的研究成果中只呈现搭什么内容的支架、什么类型的支架及如何搭支架，只管搭的事，却很少研究搭多少量的支架更适宜，什么时机撤离支架更合适。因为支架式教学不只是通过搭支架为学生学习提供支持，最终的目标是让学生离开了支架后能继续学习，形成一种独立学习的能力。这些问题的解决还有待深入研究。

第三节　支架式教学的研究意义

一、改变传统课堂结构，实现“学为中心”的教学理念

传统的课堂结构是由教师支配的学生各自为营单独学习的单向作用方式和压抑学生个性的专制型群体结构。这种教学模式不能满足当今社会对人才的要求，也不符合新课程改革所提倡的“以人为本”的素质教育的指导思想，因此必须进行变革与创新。而建立新型师生关系则是教学改革的关键。在小学语文支架式教学课堂中，教师通过探讨、协商等民主参与教学活动的形式来鼓励和支持学生组织课堂教学，一改传统课堂结构主要由教师掌控的局面。当代教学思想重视教师与学生的平等交往。将支架式教学理论运用到课堂教学中，在师生互动和生生互动中，让学生负担起原本受教师支配的一些活动，才能真正落实“以生为本”的现代教育理念。

二、找到教师“教”与学生“学”的契合点

传统语文课堂注重教师讲授，重视教师权威，忽略了学生的主体地位。而在教育改革不断深入的今天，我们往往过多地强调学生的主体性而忽略了老师的教学，两种状况相互撞击的结果就是老师不知如何教、学生不知如何学，造

成课堂混乱，而将支架式教学方法运用到小学语文课堂中，很好地解决了这一难题。搭建“脚手架”的过程就是教师传授的过程，而这个过程的本质就是教师向学生讲述对事实的认识。如果没有这样的信息传递，学生就会陷入一种盲目的学习状态。支架式教学则使这种状况得到改观。支架不是固定不变的，而是动态生成的；生成后，也不是一成不变的，而是动态变化的。同学们则在师生搭好的支架的帮助下，由最近发展区开始，循序渐进地往上爬，达到一个更高的境界。

三、充分发挥教师主导，提高教师专业素养

将支架教学理论应用于小学语文课堂，改变了教师在传统教学中“主导者”和“灌输者”的身份，引导教师发挥指导、辅助、推动和合作等作用。在进行教学之前，教师对教材及有关背景知识一定要比单向授课更加熟悉，要准确掌握多数学生的“最近发展区”及学生生长点、需求点，以便给学生提供恰当的支架并作出正确的回答与指导。同时，还要注意培养学生学习语文的自信心及自主探究能力，使他们能积极地投入教学活动之中；教师创设情境，激发思考，精心设计问题，诱发思维兴趣，从而提高课堂教学效率。设计课堂讨论时，应充分考虑学生的层次、兴趣和个性等多方面因素。当讨论离题的时候，教师应该及时调整自己的定位。另外，对于缺乏自信心或者生性害羞的学生也应该多鼓励他们。基于此，新型的教学模式对于教师专业素养提出了更高的要求。

四、推进自主合作探究学习，充分发掘学生的综合潜能

学习心理学家指出：学生在学习过程中所表现出来的意识与状态对学习效果有着不可忽视的作用。如果学生没有处在主动学习状态下，教师再怎么努力，都不会有满意的教学效果。因此，如何调动学生参与教学活动的积极性，使其参与教学全过程，成为当前教学改革亟待解决的问题之一。在传统的教学模式中，学生往往是被动地学习，较少与老师、同学交流互动，而新型的教学模式或通过师生之间的沟通，或通过小组合作共同完成学习任务，形成了一种活泼的课堂教学氛围，从而促进学生主动思考，充分发挥学习潜力。更引人注意的是，在这一新型教学模式下，基础薄弱的同学能够通过与成绩优秀的同学的交流获得启发，完成原来个人无法完成的任务，以达到所有同学共同进步的目的。

CHAPTER 2

第二章

支架式教学的理论依据

第一节　心理学依据

一、儿童心理学

人类的信息加工过程相当于一般所讲的思维。一般来说，思维包括推理、使用符号、问题解决及拟定计划等心理功能。相对来说，人类的思维远比其他动物复杂和广泛，而且具有修复性，特别是人类能够对于超越目前的情况加以思考，以及具有抽象和综合方面的思维能力。思维的重要性在于协助我们以一种独特的、具有创造性的方式来处理环境中的信息。从儿童在特定环境中所表现出来的行为中，我们可以推断出他们的思维，并且可以猜测出他们思维的特性和内容。儿童并不是被动地接受别人的指示，相反，他们会主动地询问他人，以及要求他人说明理由，儿童可以根据这个理由去思考社会的规范。对于“为什么”问题的使用，可以表现出儿童正在寻找他们所在环境的形成原因和秩序，而非单纯地只是表面接受事物而已。支架式教学就要求学生去探寻答案的由来，在一系列的“为什么”当中，通过协作、咨询，借助各种形式的支架，帮助他们获得复杂推理、元认知和解决问题的能力。教师可设置多种辅助性的支架，它们能帮助学生主动学习，从而完成教学中的挑战性任务。

当遇到新的经验时，我们会立即将它与过去的经验联结起来，以此来理解这个新的经验。我们很少单纯地思考新的经验，因为这样的做法将会让我们每一次都面对不同的东西。事实上，我们会比较新旧经验之间是否相似、是否相同，或者是否具有不同形式，以此我们可以赋予新经验某种意义。换句话说，大脑会有一些架构来组织和安排新的经验，以帮助我们解释这些新经验。这种能力在儿童身上可能并不明显，即使如此，我们也能在儿童很早的阶段发现这种能力的存在。因为儿童在很早的阶段就能自主将新的经验与过去的经验联结起来，所以支架式教学十分适合儿童的学习。面对新问题，儿童会主动联系旧知，借助支架联结新知和旧知，从而很好地理解新知。在这一过程中，教师只是一个引导者，而不是知识的灌输者。学生学得兴致盎然，教师也处于一个良好的状态，这就是有生机的良好课堂状态。

二、认知心理学

认知心理学关于知觉、注意、记忆、推理、决策等心理活动的理论是支架式教学的心理学基础之一。

人的心理过程非常复杂，除了人自身结构（大脑）上的复杂性外，人的心理特征的形成还依赖所处的纷繁的外部环境和人际关系，它们共同作用，造就了更加复杂的心理结构。人作为信息加工者，与机器有着明显区别。在信息加工过程中，人首先选择信息（注意），并对信息进行理解与解释（知觉），再将加工生成的新信息传递给其他人。[①] 人的信息加工不像机器那样精确，它是跳跃性的，受内部情绪和外在环境的影响非常明显，容易发生变化。当我们听到一句含糊的（有歧义的）话时，我们能够根据其上下文关系、语气、表情等正确理解它的意思。因此，机器在精确性方面优于人，而人在灵活性方面远远超过机器。另外，人在信息加工过程中能够主动寻找信息，而不是被动接收信息。

在支架式教学中教师处于引领者的位置，通过设置一个个支架，让学生借助支架，主动学习，建构自己的知识体系。学生在面对纷繁的知识时，首先会选择信息，再对信息进行理解与解释，最终加工生成新信息。在这一过程中，学生基于自己的认知，有其自身个性化的解读。教师根据情况，通过支架适时引导，从而促进学生进行深度学习。

人们在完成感知、记忆、思维、想象等心理活动时，需要选择其中的一部分作为加工对象而排除另一部分。这种加工对象的选择就是注意，即心理活动对特定对象的指向和集中。[②] 因此，注意加工具有选择性功能。学生的学习注意也有选择性。传统的填鸭式教育会让学生失去兴趣，吸引不了学生的注意。在支架式的教学中，学生有足够的自主权，可以选择自己感兴趣的支架进行探究性的学习，从而刺激其注意力，使其兴致盎然，持续性地深入学习。

知觉是人对客观事物和身体状态整体形象的反映，是人对物体的许多感觉（颜色、形状、气味等）的综合，它在很大程度上也依赖主体的态度、知识和经验。知觉把我们对外界的感觉信息组织起来并进行解释。在认知科学中，知觉

---

① 丁锦红. 认知心理学 [M]. 北京：中国人民大学出版社，2022.

② 同上。

被看作一组程序，包括获取感官信息、理解信息、筛选信息和组织信息。[①] 支架式教学让学生去主动学习，依赖自身的态度、知识和经验，获取信息、理解信息、筛选信息和组织信息，让学习真正发生。

记忆是人类认知过程的重要组成部分，它在人的整个心理活动中始终保持着突出的地位。记忆存储过程分成感觉记忆、短时记忆和长时记忆。感觉记忆的研究主要集中在图像记忆和声像记忆。当外界刺激通过不同通道（视觉、听觉和触觉等）进入感觉记忆后，信息很快就会衰退，而没有衰退的信息便会进入短时记忆。尽管短时存储中的信息保存时间比感觉记忆信息要长，但是，如果不以某种方式重复，它们会在大约 30 秒之内从记忆中消失。长时记忆是指存储时间在一分钟以上的记忆，一般能保持多年甚至终身。它的信息主要来自短时记忆阶段加以复述的内容，也有由于印象深刻而一次形成的。长时记忆的容量似乎是无限的，它的信息是以有组织的状态被贮存起来的。[②] 支架式教学通过外界刺激，进入感觉记忆，接着进入短时记忆，再经过自我探寻和加工、合作，进入长时记忆系统。由此可见，支架式教学所获取的知识更持久，有的甚至保持终身。

推理通常可以分为两类：演绎推理和归纳推理。当推理者从一个或多个关于已知条件的一般性阐述中得出一个逻辑合理的结论时，他所完成的是演绎推理，这是一个从一般到特殊的过程。相反，归纳推理是从特殊到一般的过程，推理者根据具体事实或观察进行推理，得出一个能够解释这些事实的合适的结论；然后，推理者或许会运用这个可能正确的结论来试图预测以后的具体实例。[③] 不管是演绎推理还是归纳推理，支架式教学让学生在学习过程中都尝试着去推理，然后得出结论。在这一过程中，学生经历了一个思维过程，习得的知识与技能才是真正属于自己的。

决断与决策是人类生活中常见的心理活动。一般说来，判断主要指人们根据已知信息对处在模糊、不清晰状态的事物或现象进行推断的过程，而决策主要是对备选方案进行评价和选择的过程。当面临一个比较复杂的知识点时，学生可以通过一定的支架进行决断与决策，最后化复杂为简单，从而真正地习得知识，提升自身的能力。

---

① 丁锦红 . 认知心理学 [M]. 北京：中国人民大学出版社，2022.

② 同上。

③ 同上。

三、学习心理学

学习是由经验所带来的心理表征或联结的长期变化。随着年龄的增长，大多数儿童开始为自己建立行为标准与目标，选择可以帮助自己符合标准或达到目标的行为，并评价行为的作用。有效的学习能建立目标，选择能够帮助人们达成目标的学习策略，评价付出努力的结果。①

有效的学习者首先要建立目标，他们知道阅读或学习的目的是什么。他们能把近期学习目标与远期学习目标以及抱负相联系，所以能持续性地为了达到自己的目标而不断努力。支架式教学下的学生也有自己的目标，在这个目标的指引下，学生能克服学习过程中的种种困难，从而顺利达成目标，很好地完成学习任务。

有效的学习者对完成学习任务的能力具有高自我效能感。他们能用各种策略坚持完成任务，如对枯燥的学习进行修饰、加工，使之变得更有趣。支架式教学就要求教师运用一些教学策略，为学生提供一个又一个支架，让学习变得更加有趣。学生在教师的引导下，学得更有兴致，学得更加有效。

有效的学习者会将注意力全神贯注于学习任务上，排除潜在的分心思想与情绪。支架式教学让学生更加专注于自己的学习任务，在自我探究和学习伙伴的共同合作下，完成学习任务，习得学习知识。

有效的学习者拥有大量可以随意使用的学习策略，并能根据学习目的使用不同的策略。支架式教学下形成与目的相关的学习策略，学生会充分发挥自己的主观能动性，选择合适的学习策略，解决学习上的一个个问题，成为主动的学习者。

有效的学习者并不总是孤立无援的，他们会适当寻求帮助，以促成知识和技能的掌握。支架式教学提倡小组合作学习，在小组合作学习中，同伴之间互帮互助，共同解决学习中所遇到的问题。这样的学习方式比一对一的说教有效多了。

有效的学习者还会自我评价和自我反省。支架式教学会设置合适的评价表，让学生通过自评或者他评，反省自己的学习，从而主动地改变或者改进自己的学习方法，更有效地达成之前所设定的学习目标。

支架式教学会让学生获得较高水平的自我调节能力，成为有效的学习者，

---

① 奥姆罗德 . 学习心理学 [M]. 北京：中国人民大学出版社，2015.

让学习真正发生，从而全面提高学生的语文核心素养。

第二节　教育学依据

一、中国古代教育思想

（一）孔子教育思想

不愤不启，不悱不发，举一隅，不以三隅反，则不复也。

孔子是我国古代伟大的思想家、政治家、教育家，是儒家学派创始人，其思想对中国和世界都有深远的影响。孔子在教学方法上要求教师运用“启发式”的方法论，他教育学生要“举一而反三”。孔子曰：“不愤不启，不悱不发，举一隅，不以三隅反，则不复也。”这就是说，教师应该在学生认真思考，并已达到一定程度时，恰到好处地进行启发和开导。如果学生没有积极主动地思考，仅仅靠教师一味地讲授，是没有意义的。支架式教学就要求学生主动思考，在学生没有完全想通的时候，教师适时地给予学生一些可行的支架，从而达到促进学生思维实践、提高学生语文素养的目的。

不曰“如之何、如之何”者，吾未如之何也已矣。

孔子认为做任何事都要有主动思考问题的习惯，如果一个人不愿意去学，那再好的老师也不可能把他教好。孔子曰：“不曰‘如之何、如之何’者，吾未如之何也已矣。”这就是说，凡事都不说怎么办的人，也就是不用心去考虑的人，孔子对这种人也就不知道该怎么办了。因为这种人他根本不用心考虑，没有诚敬的心，什么事都是马虎苟且，随随便便。孔子就说这种人不能再教，成不了器的。可见，孔子是十分重视学生主动思考问题的。支架式教学就顺应了这一教学思想，并把它运用到课堂教学中。教师从学生的实际出发，提供各种有效的支架，调动起学生的主动性和积极性，通过教师引导来促进学生的学习，培养学生获取知识的方法与能力。

（二）朱熹教育思想

学贵有疑。

“学贵有疑”的教育理论也直接影响了支架式教学。宋代大儒朱熹曾经说过：“读书无疑者，须教有疑，有疑者，却要无疑，到这里方是长进。”疑能打破迷信，盲目地迷信书本是读书的一忌。孟子说：“尽信书则不如无书。”因此，要打破对书本的迷信、对教师权威的迷信，避免陷入盲目性，就要在读书时大胆设疑。疑，常常是获得真知的先导，是打开知识宝库的钥匙。著名科学家李四光有句名言：“不怀疑不能见真理。”这句话颇为深刻。一般说来，大胆见疑与科学释疑往往是连在一起的。问题是在怀疑中提出的，又必然会在深入研究中解决，而问题的解决，便是获得真知灼见的开始。读书贵有疑，可贵之处，就是解放思想，独立思考，敢于大胆地探索和追求。但是，提倡读书有疑，并非违背客观实际、违背科学原理地胡猜乱疑。要疑得正确，疑得有理。支架式教学的起点就是学生的问题，重在激发学生的问题意识，去发现、探索，让学生带着问题走进教室，带着更多的问题走出教室。为激发学生主动探索的学习动机，提高学生的学习积极性，教师要创设恰当的问题情境，灵活运用设置支架的技巧，为学生构建疑问平台，从而促进学生思维的发展。支架式教学营造一种民主、宽松、师生平等、师生合作的课堂教学氛围，促使学生敢于提问，并善于思考，使学生成长为具有头脑、具有智慧、内心丰富的人。

二、列夫·维果茨基理论

苏联发展心理学家列夫·维果茨基提出，社会和文化为儿童提供广泛的概念与策略，儿童在其发展过程中逐渐使用这些概念思考和解决日常活动与问题。维果茨基的主要关注点是环境的作用，尤其是儿童的社会与文化环境在促进其认知发展上的作用，其理论的部分中心概念和原理如下。

（1）儿童在比自己年长且更有能力的人的帮助下可以完成更困难的任务。① 维果茨基区分了两种能力水平，它们是儿童能力发展在任何特定时期都具有的特征。儿童的“实际发展水平”是指在没有他人帮助的情况下，儿童所能独立完

① 丁锦红．认知心理学 [M]. 北京：中国人民大学出版社，2022.

成任务的上限。儿童的“潜在发展水平”是指在更有能力的他人的帮助下，儿童所能完成任务的上限。与儿童单独做事相比，儿童与成人合作能够完成更困难的任务。当老师帮助儿童澄清问题的关键成分和确认潜在有效的问题解决策略时，它们就能解决更困难的问题。支架式教学激发儿童的“潜在发展水平”，帮助儿童解决在单独思考时所不能解决的问题。教师根据实际情况抛出的一个个支架，有利于学生在老师的引导下一步步攀登，从而完成更困难的任务。

（2）挑战性任务促进认知发展最大化。[①] 儿童不能独立完成，但在他人帮助与指导下能够完成的任务范围，用维果茨基的术语叫“最近发展区”。一个儿童的“最近发展区”指那种刚刚开始出现并正在发展的学习及解决问题的能力——它处在不成熟的、“胚芽”的状态之中。维果茨基认为，儿童在自己独立完成的任务中学到的东西很少。儿童的发展主要源于与更有能力的他人合作而尝试解决难题，也就是说，是在“最近发展区”涉及那些在生活中促进认知发展的更具挑战性的任务，它们不能被轻易解决。

挑战性任务虽然有益，但在已有知识结构和成人协助时仍无法完成的那种挑战性任务，无论如何对儿童是没有好处的。一般来说，儿童的“最近发展区”是他认知学习能力能够到达的水平。

综上，支架式教学要解决的问题要具有一定程度上的挑战性，教师设置的支架也要切实有效，使儿童能在教师的引导和同伴的协作下，解决自身不能单独完成的问题。这有利于儿童自身能力的发展，也促进其认知发展的最大化。

（3）游戏使儿童的认知得以“延展”。[②] 维果茨基认为，在游戏中，儿童总能超越所处年龄段的平均年龄，做出高于他平时水平的行为。游戏时，儿童是天才，超越了他自己。在有组织的群体游戏中，儿童会遵循一套特定的规则，通过坚持这些行为规则，儿童学习提前计划、预期行为结果和自我约束——这些技能对于成功参与成人世界至关重要。游戏并不是浪费时间。相反，它为儿童加入成人世界提供了有益的训练基础。支架式教学让儿童遵循一定的规则，通过小组合作（游戏），解决一系列问题。这有利于他们将来在成人世界中遵循规则、协助合作、共同探究，人际关系更加和谐，解决问题更加有实效。

---

① 丁锦红 . 认知心理学 [M]. 北京：中国人民大学出版社，2022.

② 同上。

三、建构主义教育理论

建构主义的核心是以学生为中心，强调学生对知识的主动探索、主动发现、主动建构。教师是学生意义建构的帮助者、促进者，而不是知识的提供者和灌输者。①

建构主义者认为，知识不是通过教师传授得到的，而是学习者在一定的情境即社会文化背景下，借助他人（包括教师和学习伙伴）的帮助，利用必要的学习资料，通过意义建构的方式而获得的。支架式教学的课堂中，教师会积极激发学生的学习动力，如好奇心、兴趣、求知欲等。教师还会通过创设符合教学内容要求的情境和提示新旧知识之间联系的线索，帮助学生建构当前所学知识的意义。为了使意义建构更有效，教师还会在可能的条件下，组织开展合作学习，并对合作学习过程进行适当引导，使之朝更有利于意义建构的方向发展。

就大多数建构主义者而言，学习是一个积极的建构过程，不是由教师把知识简单地传递给学生，而应该是由学生自己建构知识的过程。在支架式教学下，学生是学习的主体，是知识意义的主动建构者。学习不是由外部来决定的，而是个体对现实世界进行创造性理解的过程。每个学生都必须根据自己的知识经验对所学的知识做出解释。

传统的教学往往以知识传授为主要目的，而且教学目标的实现就是学习的终点。这是一种单向的教学目标观。建构主义者认为，教学应该以培养学生的探究能力和创新能力为目标，而且教学与学习之间是互为促进的循环过程。支架式教学活动会在一个丰富的真实教学情境中进行，使学生有足够的自我建构知识的空间。并且，这样的教学活动总是在学生的"最近发展区"中学习，教师会精心组织，在教学中及时对学生进行诊断和咨询，以使教学活动能最大限度地促进学生的发展。教师在教学活动中会促进学生相互间的对话并与学生对话，放弃教给学生现成答案的教学行为，从而促进和接受学生的自主精神和首创精神。

① 奥姆罗德. 学习心理学 [M]. 北京：中国人民大学出版社，2015.

四、皮尔森和加拉赫的"逐步让渡责任"模式

作为一种把维果茨基和布鲁纳的研究成果付诸实践的方式，皮尔森和加拉赫的"逐步让渡责任"模式给我们提供了一个便于操作和实践的系统性安排，让老师可以随着事件的推移，从一个发挥巨大支持作用的角色转变为参与较少的角色，而学生要在学习活动中承担更多、更大的责任。目前，最著名的教学模式之一——"逐步让渡责任"模式获得众人认可的是其递进式教学活动的三个阶段，即从示范到指导下的实践，再到独立实践。①

（1）示范（我来做）：本阶段，老师在向学生解释学习目标的同时做出示范。

（2）指导下的实践（我们来做）：本阶段，老师和学生一起活动，逐步降低支持力度，让学生获得独立生活的能力。

（3）独立实践（你来做）：本阶段，老师不再为学生提供支持，学生独立活动。

"逐步让渡责任"模式说明了一个博学的他者如何指引学习者跨越"最近发展区"，完成挑战性任务。

支架式教学也分为这样三个步骤：首先，教师向学生做出直接的示范；然后，半扶半放，教师引领着学生一起完成学习任务；最后，由扶到放，让学生独自探究，最终独立完成那些具有挑战性的学习任务。在这样的课堂中，学习者在学习过程中的每个环节都承担起最佳水平的学习责任，以最终能够独立承担起学习新知识的责任。

---

① 汤普森．支架式教学：培养学生独立学习能力[M]．王牧华，等译．重庆：西南师范大学出版社，2018.

CHAPTER 3

第三章

支架式教学的理念支撑

第一节　支架式教学与学本课堂理论

学本课堂[①]是指以学习者学习为本的课堂。学本课堂倡导"以学习者学习为本"的核心理念，追求"一切为了促进学习者和谐成长、全面发展"的学本教育目标。这里的学习者不是单一指学生，而是包括学生、教师和参与者。也就是说，在学本课堂中，没有纯粹的教师，教师身份将发生本质性变化，教师是大同学。具体而言，学本课堂就是教师和学生协同合作，共同围绕着核心问题开展自主性的探究学习，在单位时间内解决问题，实现学习目标，促进教师和学生共同成长的学习活动。在师生关系方面，有别于教本课堂，师生关系不是上对下的关系、授受关系，而是真正意义上的民主、平等、人文和谐的发展关系。师生为了共同的目标相互合作、相互帮助，追求的是一种真学习。在教学关系方面，师生之间不是那种传授和告知的关系，而是合作学习，共同建构知识发展能力的关系。其理论基础是素质教育思想、终身学习理论和建构主义学习理论，实践依据和逻辑推理是我国未来学习型社会发展和创新型国家建设的需要。在这样的课堂理念指引下，师生共同创建小组合作团队学习机制，共同创建能力建构型课堂，创建人文、自由、开放、多元的学习氛围。在合作学习、互相帮助、互相促进的学习氛围中，让学生实现真实、自由、自主的阳光学习。

随着课堂理念的演变，学本课堂早已成为新时期课堂教学改革的方向。在此理念引领下培养出来的学习者更富有生活热情，兼顾个性发展与全面发展，是符合学习型社会的发展需要的，具有合理性和先进性。支架式教学在这一方面与学本课堂理论是十分契合的，它为学生的成长搭建了有效平台，通过创设不同形式与作用的支架，让学生成为解决问题、思维碰撞、合作学习的主人，真正做到将学习还给学生，将方法教给学生。

日本教育家佐藤学在《教师的挑战：宁静的课堂革命》中写道："全世界学校

---

① 韩立福．学本课堂：概念、理念、内涵和特征 [J]. 教育研究，2015(10): 105–110.

的课堂都在进行着宁静的革命，都在由教授的场所转换为学习的场所。”[1] 从“以教师为本”到“以学生为本”，再到“以学习者为本”，让课堂能够及时呵护学生的学习尊严，学生的主体地位得到提升，促使他们不再被动地、服从性地学习。这也是支架式教学最重要的理念。支架式教学认为：教学应该以学生为本，坚持学生发展的主体性，只有学生才是教学活动的真正主体。“以学生的学为本”是基础和前提，最终的归宿和目的是促进学生的发展。

一、学生是课堂的主人

由于传统教学模式的长期影响及学习辅助手段的缺乏，许多课堂依然是“以教师的教为中心”，教师成了课堂教学的主体，学生却成了教师活动的配合者。学生缺少对知识进行主动建构的过程，缺乏运用语言文字的机会，主体地位难以落实，很容易导致用教师的“教”代替学生的“学”，课堂学习的效果停留于表面。这就要求教师必须转变自己的观念和角色。在支架式教学的课堂中，教师必须认识到自己是儿童心理发展的“脚手架”提供者，不应该代替学生思考，更不能直接告诉学生答案了事。在课堂教学中要明确自己的首要任务是促进学生主动学习，角色的转型促进了教学方式的转型，让学生真正成为学习的主人，这样课堂才会焕发出生命的活力。

支架式教学并不否认教师在教学中的重要作用和其在支架式教学设计中的重要地位，但它更侧重于凸显学生在课堂上的主体地位，把学生作为教学活动的真正主体，始终为学生的有效学习服务，把学生现有的发展水平作为搭建一切支架活动的前提。从学生的立场出发，着眼于学生学习的实际起点，根据学生学习的实际起点来搭建适合学生学习的支架，展开教学活动。

在课堂教学中，教师根据学生的年龄特点和身心发展规律、兴趣爱好和个性特点组织教学过程，突出不同学段学生核心素养发展的需求，采用多种形式激发学生的学习动机和学习兴趣，刺激其积极地获取信息、反馈信息。不论是文本的解读，还是阅读的体验等，都把学生当成课堂的主体，在他们理解、拓展、深化、应用的过程中，为学生的学习活动提供良好的学习环境，充分尊重他们的需求，尊重他们的主体地位，培养学生的学习主动性，让学生主动地

---

① 佐藤学．教师的挑战：宁静的课堂革命 [M]. 上海：华东师范大学出版社，2021.

学习。

同时，在支架式教学中，教师还要关注不同学生的差异，在搭建支架时除了考虑大多数学生的需要外，对于一些特殊的学生，如学习能力特别优异或者学习能力相对薄弱的学生，共同支架可能在某些时候就会不适合他们的学习，教师就要在不同的目标中设置不同的能力层级，做到目标分层。同时在具体的课堂实施中，可为不同的学生达成不同的目标设计相应的“脚手架”和策略，要特别关注学生间的个体差异，及时调整支架，尽量保证学生的学习积极性，真正促进每个学生的能力发展。

在“学本课堂”理念的引导下，支架式教学始终坚持营造学生与教师相互尊重、相互信赖、相互帮助、相互支持的课堂氛围。在这样的课堂中，学生的尊严得到了真正尊重，人格得到了真正呵护，地位得到了真正保障，逐渐成长为喜欢学习、会自主学习、善合作学习、有学习智慧、有学习权利和学习自由的人。只有教师站稳了学生立场，以学生为中心，才是以学为本、育人为本的真正回归。

二、学习是课堂的主线

学本教学理念坚持以学习者的学习为中心的课堂。“以学生的学习为本”表明了学习在课堂活动中的核心地位，鼓励学生在独学、对学、群学、展学的过程中解决问题，激荡思维，提升认知水平。学生学习的过程本身就是自我建构的过程，知识只有通过学生的内化吸收才能变成其自己的知识。但在传统的课堂中，师生对话的方式让学生处于被动接受状态，使其身心受到压抑。随着新课程理念的落实，教师开始更多地关注学生的“学”，研究学生“学什么”“如何学”“学得怎样”的问题，课堂的主线也由此进行设计、展开。

语文教学的主要途径就是通过开展学生自身的语文实践活动提高学生的语文能力。支架式教学赞同教学的实质在于引导学生学习，教会学生学习，要让“学习发生在学生身上”，围绕这个主题，在教师的主导下，发挥其学习的积极主动性，帮助学生根据自身的特点和学习需要，调整学习心态和策略，探寻适合他们自己的学习方法和途径。在支架式教学的课堂上，教师搭建一系列的支架，设计丰富的学习活动，充分利用这些支架“让学”于生。教师只是作为学生学习的组织者、指导者、促进者，采用各种引发、诱导、指导的方法，让学生投入独立自主和创造的实践活动中，在不同的情境和联系中，形成对知识的理解，发展学生的主体能力，提升他们的语文素养。支架式教学坚持凸显学生在课堂上的主体地位，打破了传统的“教师讲，学生听”的课堂教学模式，变“以教师教为主”为“以学生学为主”，把阅读教学过程转变成学生真正参与学习语文的活动过程。

教师不是从教的角度，而是从学生学情与学习目标的鸿沟这一角度思考，从而搭建扎实的语言实践活动支架，促进学生学习，将学习的责任逐步从自己身上转移到学生身上去。这样，在学生进行自主学习时，就能最大程度地把学习的权利还给学生，让学生能够勤于自主、善于合作、乐于探究、勇于创新。所以说支架式教学中的这些支架不再是教师的教学支架，最主要的是学生的学习支架。学习永远是学生的事，学生永远是学习的主人，教师的一切“教”都是围绕着“一切为了学生的学，一切促进学生的学，一切有利于学生的学”来做的，要杜绝以教代学、有教无学，无视或轻视学习的情况发生。

第二节　支架式教学与深度学习理论

关于深度学习理论[①]，教育教学领域出现“深度学习”这一概念的时间很早。费伦斯·马顿和罗杰·萨尔桥于 1976 年在《学习的本质区别：结果和过程》一文中首次提出“深度学习”的概念。美国的深度学习研究经历了几十年的发展历程，在教育学领域，不同的学者更是有不同的理解，从不同程度表明了对学生核心素养能力的关注，但还需结合我国学校教育本土情境。我国教育学博士郭华在《深度学习及其意义》中，结合以往的研究结论、对学习本质的理解和我国学校教育的学习情境，对深度学习做出了如下定义：所谓深度学习，就是指在教师的引领下，学生围绕具有挑战性的学习主题，全身心积极参与、体验成功、获得发展的有意义的学习过程。在这个过程中，学生掌握学科的核心，直至理解学习的过程，把握学科的本质及思想方法，形成积极的内在学习动机、高级的社会性情感、积极的态度、正确的价值观；成为既具独立性、批判性、创造性，又有合作精神、基础扎实的优秀的学习者，成为未来社会实践的主人。这

① 郭华 . 深度学习及其意义 [J]. 课程·教材·教法 , 2016(11): 25.

个界定介绍了深度学习的性质、内容与过程，同时又明确了其任务与目的。深度学习的过程是学生作为主体的主动学习过程，是落实核心素养的重要途径，是信息时代对知识教学的反思和改进。

总之，深度学习，是对应浅表学习和虚假学习，是真实的、有意义的和高质量的学习。深度学习不主张为教师提供一个现成的、固定的教学之法或教学模式，强调学习过程应该是促进学生发展的、有意义的学习过程。在这方面，支架式教学与其不谋而合，它定位于让教师掌握思考教学问题的基本思想方法，搭建探索教学的“脚手架”，能让学生获得知识与能力、情感与价值、过程与方法等方面的提升并力求效益最大化，用所获得的知识和能力去解决真实问题的学习方式，直指学生有深度、有意义的学习。

支架式教学是促进学生理解和掌握能力时为其提供的一种概念框架，构建学习支架，使学生运用习得的策略迁移与模仿。这时候就要充分重视教师的“教”对学生“学”的真实引领和帮助，充分调动学生学习的积极性，带动学生参与学习、体验、思考、实践的过程，最后实现学生深度学习的发生，启发学生深度思考，促进学生思维发展，提升语文素养。可以说，深度学习的“深”不是简单的内容的“深”，更注重学生的参与度、教学的展开度、教学目标的实现度，支架式教学也是充分符合深度学习这三个方面的特点，落实有效教学。

一、学生学习的参与度

教不等于学，所有深度学习都是建立在学生对学习过程的参与和深刻体验的基础上的。支架式教学中，教师充分依托支架活动，从学的视角推进阅读教学过程，促进全体学生参与课堂内容学习，让每一位学生能亲历每一个学习活动环节，从而推进教学，使阅读教学实现“教过”到“学会”的转变。2022 年版《义务教育语文课程标准》在强调制定课程目标要立足学生核心素养发展时，也强调了要面向全体学生，突出基础性。要达到这一点，就必须落实学生的主体地位，保证他们的学习活动。支架式教学始终坚持促进学生自主学习下的有效合作学习，促进人人参与。在课堂中，教师充分留足学生自我思考的时间，促进学生思维的涌动、语言的发展，把学生的学习主动性发挥到最大，为接下来的有效学习做好铺垫。

同时，活动策略上，支架活动中也十分重视小组合作。小组规模一般为

4～6人，设置组长、记录员、汇报员等，小组内部明确的角色分工既能约束相关人员共同行动，又能够保证活动有效开展。从情境的带入到协作学习环节，保证了人人参与学习活动，小组合作学习有序、有量、有质推进，形成思想交锋。支架式教学充分关注学生参与学习的广度，用符合学生特点、受学生欢迎的教学方式吸引学生学习，不只是领着少数学生围绕着教师的教学“转”，还尊重每一位学生在教学中的核心地位。

二、学习过程的纵深度

在日常的课堂教学中人们常常会发现这样的现象：有学习活动安排，无分层推进；有学习时间分配，无手段辅助，导致学习过程的展开平面化、形式化，最终依然以教师的讲解代替学生的有效思考。深度学习不是学习内容的精深，而是学习行为的深入。课堂教学改革就是要把灌输式教学转变为启发式教学、参与式教学，把学习的过程、学生的思维过程展开来。

支架式教学认为学生的知识不是由教师提供的方式呈现出来的，而是他们自己主动地去搜集、整理资料，分析相关的信息，进行自主建构，这与2022版《义务教育语文课程标准》对学生思维能力的重视是十分契合的。语文课程尤其注重学生在语文学习过程中的联想想象、分析比较、归纳判断等认知表现。教师在课堂中从现实的学情出发，在了解学生情况、学习条件的基础上，针对学生无法理解的一些疑难问题的实际情况，把复杂的学习任务加以分解，利用情境、协作、对话等学习环境要素，充分发挥学生的主动性、积极性展开教与学的活动，把学生的理解逐步引向深入，如此来促进学习方式的变革。这就要求教师在教学中一定要明确教学主目标，明晰课堂教学的主线，将传统的“教学问题推进式”的课堂结构转变为“学生活动为主”的课堂结构。在搭建“脚手架”时，教师应该设法使内容易于理解，使思维可视化，要让学生互相帮助、互相学习，用多种方式促进学习。首先，将学生引入一定的问题情境；接着，让学生探索，进行实践活动，通过表达型支架、策略型支架、范例式支架 、链接型支架这四种支架合理、有效地开展教与学的过程，为学生搭建思维活动的平台，创设有思维价值的教学环节，带领他们开展积极有效的思维训练，引领学生把思维过程转化为智慧的沉淀和学习方法的运用。当然，在探索的过程中，教师可以适时提示、启发引导或进行演示，帮助学生沿着教师提供的支架逐步攀升，最后自己去分析。起初的引导、帮助多一些，之后逐渐减少，最后争取做到无需教师引导。

通过对支架式教学的研究，我们发现，教师们在备课中都特别关注学习过程的有层次深入，关注学习内容的结构化。我们发现，课堂中，教师一步一步地为学生提供适当的、小步调的支架，让学生通过这些支架一步一步地攀升，不断穿越“最近发展区”，从“现有发展水平”提升到“潜在发展水平”，整个学习过程由原来的“平面推进”向“纵向立体”转变，促进了学生的深度学习。《匆匆》是六年级下册的一篇经典散文，文章结构精巧、层次清晰，文字清秀隽永、纯朴简练，值得细细品味并积累。我们将研究前后的教学进行对比。

研究前的学习过程：

●勾画你认为写得优美的语句，批注自己的感受。

●学生交流，畅谈体会。

●指导朗读，尝试背诵。

研究后的学习过程：

●勾画语句，感悟语言

勾画写得优美的语句，批注自己的朗读感受。

交流朗读，畅谈体会。

●深入体会，欣赏语言

联系上下文，体会关键语句的表达效果。（搭建策略型支架、范例式支架）

练习朗读，读出感受。

●有序规整，积累语言

借助表格，规整文中具体描写日子来去匆匆的句子。（搭建策略型支架）

尝试背诵积累。

通过对比，我们不难发现，研究前的学习过程中，学生始终在感悟语言，学习过程呈现“平移”状态。而在研究后的学习过程中，学生首先对文中的典型语句进行感悟，体会作者的情感；然后，由内容走向形式，欣赏句式的生动妥帖；最后，对具体的描写作一个规整，帮助有效积累。整个学习过程中，学生借助策略型支架和范例式支架，经历了感悟、欣赏、积累这样一个纵向立体的学习过程。

在这样由浅入深、循序渐进的教学方式下，以学生的学习为核心，科学使用学习支架，使支架的使用呈现一定的梯度，能力螺旋式提升。研究在学习活动推进过程中学习支架的融合和调整，在学生亲历学习的过程中进行深度教学。教学符合学生的发展认知规律，能够激发学生的求知欲，引导学生进入主动学习的状态。

三、学习目标的达成度

在深度学习理论的基础上，结合维果茨基的“最近发展区”理论，精准定位学生的“现有发展水平”“潜在发展水平”“最近发展区”是开展支架式教学的前提和依据。无论是课前还是课中，教师都要尤其重视这三个定位，努力使每一次的教学都从学生的起点出发，充分发挥学生潜能，在已知已能的基础上，把学生推向未知未能。教师首先必须了解学生的现实起点和逻辑起点，但不能消极地适应学生发展的已有水平，要以课标为准则、以文本为基础确定语文核心目标，发现学生的“潜在发展水平”，走在学生发展的前面，更要重视前后关联，把握核心目标的序列，了解学生“现有发展水平”，最终定位学生的“最近发展区”。通过教学支架的辅助支撑作用，提供适当的支持和引导，不停地把学生的能力从一个水平引导到另一个新的高度，学生的认知发展水平就能不断穿越“最近发展区”，从“现有发展水平”提升到“潜在发展水平”。

支架式教学主要包含四种支架类型，不同的支架有不同的作用。比如，搭建表达型支架，是为了让学生在一次次的言语实践中提高运用语言文字的能力；搭建策略型支架，是为了深化学习，引领学生将这种策略迁移运用于其他文章的学习，最终形成语文能力；搭建范例式支架，是为了利用示范性的例子，帮助学生从个别到一般，掌握带有规律性的知识、方法，从而更好地进行自主阅读，发展思维；搭建链接型支架，是为了丰富学生的认知和阅读量，弥合“课内”与“课外”的鸿沟；等等。学生通过这些支架一步步攀爬，逐渐发现和解决学习中的问题，掌握所要学习的知识，加强语言运用能力，习得语文技能，掌握阅读策略，提升阅读素养，提高解决问题的能力，成长为一个独立的学习者。不论是强化阅读的体验、达到情感共鸣，还是深化文本的解读，支架式教学都始终坚持学习活动的设计与学习目标一致，把发展学生作为归宿，从而把课堂还给学习的主人——学生，支架式教学认为传授书本知识是服从、服务于促进学生发展的，着眼于学生知识观的更新。在支架式教学中，教师通过充分解读书本知识，转化为具体的教学策略，明确学习目标，在学生的“最近发展区”搭建支架，引领学生展开学习，在学生积极、主动的思维和创性的探索活动中，学生的知识有了增长，并习得了学习策略，更学会把握知识的本质并能恰当地迁移运用。可以说是授之以“渔”，从而实现学生有个性的、可持续的、全面和谐的发展。

当然，当学生表现出能够独立完成支架式任务时，教师就应该逐渐移除支架，有效促进学生的发展，实现有效教学。支架式教学的开展可以加大课堂教学的容量和深度，开阔学生视野，启迪学生思维，促进学生对课文的理解，链接课内外学习，能有效提高学生的文学素养。立足学生核心素养发展，充分发挥语文课程育人功能，才是语文教学成功的重要标志。

第三节　支架式教学与“教学评一体化”理论

关于“教学评一体化”理论[①]，“教学评一体化”不是一种特定的教学模式，而是课堂教学设计和组织的理念和指导思想。20 世纪 80 年代，美国掀起了一场基于标准的教育改革运动（standard-based reform, 简称 SBR），要求教学评与课程标准保持一致。90 年代中后期，英国提出了“为了学习的评价”的研究，倡导把评价与教学进行整合，加上形成性评价技术的不断发展，使教师“何以知道学生学会了什么”有了可能。“教学评一体化”理念就是在这样的背景下逐步建立起来的。“教学评一体化”强调教学、学习、评价三位一体，三者不是孤立的，而是持续地镶嵌在教学过程中，教师的“教”、学生的“学”紧密地绞缠在一起，相互影响，相互制约。“教学评一体化”，指向有效教学。它倡导在课堂教学中，把教、学与评价相互整合，重视开展日常学习评价，以评价促进学习，把评价用作教学工具，使学生的学习行为、教师的教学行为和学习的评价融合为一个整体，使评价不再游离于教学之外，而是紧密地融合在师生的整个教学活动中，教师也能及时、有效地了解教学效果，及时调整教学，提高学习目标的达成度。“教学评一体化”中的教学评价，是形成性评价，不是终结性评价，不是教或学之后的独立环节，不是由教师、学生之外的第三者来进行的。

---

① 王云生 . 学教评一体化的内涵与实施的探索 [J]. 化学教学 , 2019(5): 8−10, 16.

“教学评一体化”的评价注重表现性学习评价。表现性学习评价是通过有意义的、学生专注于完成表现性任务活动，来获取与应用知识技能以及培养学习习惯的一系列策略。它聚焦一定情境中比较真实的表现性任务的完成活动，以任务驱动、展开与推进学与教的课堂进程；任务完成的过程同时成为学习目标达成、学习结果评估、学习效果衡量的过程。学生的学习活动，可以为学习评价提供丰富的信息，了解学生学到了什么、能做什么、做得如何，借以考查学生核心知识的掌握程度、在现实生活中运用所学知识解释说明、分析解决问题的能力和情感表现。表现性评价根据学习结果所设计的表现性任务和明确规定的评分规则简单易行，并且可靠有效。教师可以利用这些推论的结果重新审视自己的教学，从而调整教学。

在“教学评一体化”理念的指导下，结合2022年版《义务教育语文课程标准》中“倡导课程评价的过程性和整体性，重视评价的导向作用”，支架式教学在教学设计时，努力做到一体化设计。课堂教学中，教师从学习目标出发，开发评价工具，再搭建合理有效的支架开展学习活动，最后评价，重视评价的作用，及时评价。在整个教学推进中，了解学生真实的学习情况，及时测量学习成效，同时也要尽可能暴露、指出学生学习中存在的问题，显示学习结果和学习目标的差距，这样有利于教师及时调整教学方向，更好地促进学习，有效达成教学目标。

第一，转静态为动态。清晰的目标是“教学评一体化”的前提和灵魂。教学、学习与评价都是围绕共同的目标展开的。而课堂教学是一个动态的过程，预设与生成难免会有所差距，所以要在预设方案的基础上，根据课堂上学生学习的实际反馈情况再做出动态、实时的调整。有时需要明确新的教学起点，有时又会增加新的教学难点等，因此，课堂教学就该从静态为主转向动态为主，时刻关注学生学习过程和学习进度，使教学能够成为有助于学生学习和有利于促进学生有个性、可持续、全面和谐发展的生成过程。课堂教学是课程实施的中心环节，为了达到较好的教学效果，教师在教学设计和组织上，就要一体化地考虑教什么、怎么教、为什么而教。首先，明确教学应达到的预期学习结果；其次，在教学过程中关注“学生学会了什么”“有没有达到预期的学习目标”；再次，真实地评价教学效果，以便调整下一步教学，进一步提高教学实效，做到“教学评一体化”。

第二，转单一为多元。支架式教学在教学中通过开展多样的学习活动，包括问题解决、交流讨论、质疑、辩论、实验、调查和探究学习，让学生在某种特定的真实或模拟的学习情境中，运用所获得的知识完成某项任务或解决某个问题。同时注重展示与评价的环节，强调互动性。教学的展示形式也不再是原来的教师在台上讲，而是换成现在的学生在台上讲。教学的本质就是交往，是师生互动、生生互动的过程。在展示和点评中都应该利用互动多元的方式调动学生自主参与，激情投入。支架式教学还强调评价内容的多样化，其中包括教师对学生的评价、学生自我评价、小组成员之间的评价。每节阅读课都不是独立的，彼此之间互为支架，相互影响。所以教师对每节课的回顾、总结、反思是十分必要的。在传统教学中，评价仅限于学生作业与教师评分；在支架式教学中，评价可以包含教师评价、家长评价、学生互评或学生自我评价多个方面。

同时还可以根据不同形式的教学环节与情境，采用激励性评价、即时性评价、延迟性评价、包容性评价、辩论型评价等多种评价方式。老师对学生的评价既要有激发学生兴趣的，又要有启发学生深入思考的，还要有提出学习要求的……把学生的发展作为关注的焦点，也努力把一些评价的权利还给学生，让目标单一、方式单调的传统评价不再束缚学生的发展，实现课堂质态的良性发展，使课堂因有效评价而高效精彩。

第三，转重结果为重过程。课堂教学的目标是教学活动的核心，一切教学活动必须围绕之、指向之、实现之。支架式教学评价强调目标的科学性，要求教师要有强烈的目标意识，同时有意识地在教学过程中注意对目标达成的情况加以评价，保证其促进学生发展的功能，引导学生不但求“知”，更要求“法”，不但“好学”，而且“会学”“学会”。那么在教学环节，教师就应该舍弃一些感性、虚化的评价，紧扣教学目标，对学生的学习行为进行评价。在评价时，不仅关注结果，更要重点关注其参与语文学习的情况、学习的行为，可以形成性评价为主，把评价贯穿整个教学活动，并给予多次评价，通过有效评价引导学生学会学习、掌握方法，促进学生学习活动的深入和语文能力的形成。总之，要合理、科学地利用精准评价让支架活动成为阅读教学、学生发展的核心载体。

阅读教学是学生、教师、文本之间对话的过程。支架式教学认为，在教学活动中，教学评三者就应该互相影响、互相制约，以教导学，以学定教，同时更加重视评价在教学过程中的重要性，教师要学会以评促学，以评促教，真正落实核心素养的培养。

CHAPTER 4

第四章

支架式教学的基本定位

第一节　定位学生的“潜在发展水平”，依标扣本

一、核心素养内涵

为了贯彻落实党的十九大和全国教育大会的精神，落实“立德树人”的根本任务，深化课程改革，促进义务教育高质量发展。教育部在 2022 年 4 月正式颁布了《义务教育语文课程标准（2022 年版）》（以下简称新课标）。新课标中提出义务教育阶段语文核心素养的内涵是学生在积极的语文实践活动中积累、建构并在真实的语言运用情境中表现出来的，是文化自信和语言运用、思维能力、审美创造的综合体现。[①]“文化自信”“语言运用”“思维能力”“审美创造”是核心素养的四个重要方面。

同时，新课标对这四个方面进行了解释。“文化自信”强调增强学生的文化认同感、对中华文化生命力的坚定信心；“语言运用”强调培育学生热爱国家通用语言文字的深厚感情；“思维能力”强调培养学生崇尚求真创新的品质；“审美创造”强调涵养学生的高雅情趣。值得一提的是，这四个方面是学生在真实的学习情境下语文实践活动中表现出来的一种综合体现，也就是说，语文核心素养的四个方面在学习的过程中是相互交融渗透、不可拆分的，具有整体性的特点。另外，走向核心素养的深度学习不同于传统教学中以教师为中心，单向地向学生传递教科书中的知识。它既不是单纯的知识技能，也不是单纯的学习动机、态度，而是在于解决真实问题中所必须具备的思考力、判断力与表达力以及人格品质。

显然，新课标的颁布对教师和学生都提出了更高的要求。我们能发现，在这个过程中，光靠一个领域的知识与技术肯定是远远不够的，必须考虑新旧知识的联系，这里的知识不仅有纵向联系，还有横向联系。另外，师生之间、生生之间、课内外之间同样可以联结在一起。由此可见，支架式教学为走向核心

---

① 中华人民共和国教育部. 义务教育语文课程标准（2022 年版）[S]. 北京：北京师范大学出版社，2022.

素养的深度学习提供了有力的支持。比如，在《打响月湖·天一阁5A景区的文化名片》课例中，教师借助《威尼斯的小艇》《牧场之国》《金字塔》《故宫博物院》四篇课文，设计阅读与鉴赏、表达与交流，开展丰富多样的语文实践活动，最终通过师生之间、生生之间的协同学习，达到宣传宁波月湖·天一阁5A景区的目的，真正做到了语言、思维、审美、文化四个方面相互融合。

课堂现场链接

《打响月湖·天一阁5A景区的文化名片》教学案例

设计者：宁波市实验小学　董璐

本项目课程是立足生活、基于真实情境展开设计的。2021年7月，月湖·天一阁5A景区将以崭新的姿态展现在游客面前。如何让景区二期提升工程成为每一位学生的责任和担当，主动地、有创意地打响月湖·天一阁5A景区影响力，是此项目课程启动的现实背景。学生在此项目的学习中，将全面了解月湖·天一阁5A景区的名胜古迹和深厚的历史文化底蕴，搜集、整理资料，用多种形式宣传介绍月湖·天一阁5A景区，让宁波人更爱景区，让更多的外地游客了解景区，提高景区的民众知晓度，打响宁波“文化之旅”的品牌。

[语文教材]

统编教材五年级下册第七单元

课文：《威尼斯的小艇》《牧场之国》《金字塔》

口语交际：《我是小小讲解员》

习作：《中国的世界文化遗产》

统编教材六年级上册第二单元

课文：《故宫博物院》

[其他资料]

（1）月湖·天一阁5A景区图片及文字介绍；（2）介绍景区的风光短片（音像资料）。

[列出项目涉及的主要知识点]

（1）学会抓住重点进行具体介绍；（2）有目的地搜集资料、整理资料、筛选资料；（3）根据材料进行文本的重组和创生。

［提炼学科关键概念或能力］

交往能力、阅读能力、书面（口头）表达能力、高阶思维技能、审美鉴赏与创造、文化传承与理解、合作学习能力以及实践创新能力。

［驱动型问题］

如何宣传月湖·天一阁5A景区，让更多的人了解宁波？

子问题1：我们可以通过哪些渠道来获取月湖·天一阁5A景区的资料？

子问题2：我们可以通过哪些形式来宣传月湖·天一阁5A景区？

子问题3：如何为月湖·天一阁5A景区撰写宣传推文？

［表现类成果］

（1）KT板公开展示或公众号发布；（2）制作景区风光宣传图册；（3）拍摄月湖·天一阁5A景区的视频；（4）手绘明信片；（5）文创类伴手礼。

［汇报类成果］

分组上台解说宣传内容设计理念并展示部分设计。

二、新型学习方式

新课标创造性地设置了富有整合性、情境性和实践性的学习任务群。所谓“学习任务群”就是若干个任务的学习单元组成的课程群组。这些学习任务群以不同的学习主题为统领，以学习任务为驱动，创设真实的学习情境，开展丰富的学习活动，将学习内容、学习方法、学习资源以及评价等要素进行整合融通。小学语文课程包含了三个层面的六个学习任务群，见表4–1：

表4–1　小学语文课程学习任务群

任务群类型	任务群	共同特点
基础型学习任务群	语言文字积累与梳理	每个任务群贯穿四个学段
发展型学习任务群	实用性阅读与交流	
	文学阅读与创意表达	
	思辨性阅读与表达	
拓展型学习任务群	整本书阅读	
	跨学科学习	

这些学习任务群之间并不是并列关系，而是相互交叉融合。例如，整本书阅读中融入实用性阅读、文学性阅读以及思辨性阅读等，体现了语文课程的综合性。另外，在开展此类学习时，特别要关注学习情境这个要素。例如，英国国家写作计划委员会为了让孩子体会到写作的价值与意义，专门制订了一个“圣连纳故事书计划”——让小学生为学前儿童编写故事书。于是，参加写作计划的小学生进入当地幼儿园，了解学前儿童喜欢看什么类型的故事书，甚至还会安排与学前儿童的家长会面，具体了解学前儿童阅读的情况。结果，小学生创造出来的故事书深得学前儿童的喜爱。这个案例告诉我们，在真实的情境下，更加能激发学生内在的学习动力，积极努力地建构学习意义。真实的学习情境是学生生活体验的再现，模拟符合生活逻辑的语言交际场景，涉及的问题是紧密联系语文学科、生活的“真问题”，只有这样，学生才能在语文实践的活动中积极探究，逐渐发展语文核心素养。

另外，华东师范大学钟启泉教授在《课堂研究》一书中指出：“知识不是某种现成的东西，而是参与者借助交互作用，即兴地创作出来的。”① 这句话的“交互作用”不仅是与客观世界（教科书、教材）的对话性实践，还是与教师、学习伙伴之间的对话性实践，也是与自身的对话性实践。显然，知识的习得，靠灌输式的教学方式是行不通的。通过以上分析，我们就能清晰地发现，新课标中提到的学习任务群，不管是相关知识与技能的综合，还是创设真实的学习情境，以及具体的语文实践活动，都离不开支架式教学的协助。因此，支架式教学在此也能发挥其优势。

第二节 定位学生的“现有发展水平”，多元深入

一、多元智能

多元智能理论是由美国心理学家加德纳博士提出来的，他认为人类的思维和认知的方式是多元的，我们每个人至少拥有七种不同类型的智能，分别是言语

---

① 钟启泉．课堂研究 [M]. 上海：华东师范大学出版社，2016.

语言智能、数理逻辑智能、视觉空间智能、音乐韵律智能、身体运动智能、人际沟通智能、自我认识智能等。但在现实生活中，不同的人所拥有的智能组合也是各不相同的。例如，建筑师的空间智能比较强，运动员和舞蹈家的身体运动智能相对于其他人来说肯定有明显的优势，作家、思想家内省智能较强，等等。在学生的身上亦是如此，所拥有的智能类型也是不相同的。然而，在应试教育大环境下，数理逻辑智能极其受重视；相反，空间智能、人际交往等智能往往被忽视、被压抑，导致不良情况的发生。例如，前些年上海某名牌高中有一名学生被推荐去北京大学，然而，他自以为"屈才"，闹情绪，非要上清华大学，结果未能如愿，跳楼自杀。像这样的学生，目空一切，唯我独尊，称得上是"优等生"吗？在这背后其实就是应试教育下某些智能缺失，最终导致严重的后果。

习近平总书记在党的十九大报告中指出："要全面贯彻党的教育方针，落实立德树人根本任务，发展素质教育，推进教育公平，培养德智体美全面发展的社会主义建设者和接班人。"[①] 早在党的十八大报告中就提出把"立德树人"作为教育的根本任务。"立德树人"要求我们必须着眼于促进学生的全面发展。因此，教学过程中，要努力设计尽可能地融入多方面智能的学习活动。大单元教学设计、跨学科教学等，搭建多样的学习支架，让学生在丰富的活动中促进多方面智能的发展。例如，在《带着手账去历险——〈爱丽丝漫游奇境〉》课例中，首先，要立足生活、基于真实情境展开设计；接着，收集、整理《爱丽丝漫游奇境》这本书相关资料，用手账的形式记录下阅读的点点滴滴；然后，小组合作讨论制作手账，并绘制"历险故事地图""图解个性人物"等图示；最后，借助PPT等喜欢的方式，向大家介绍。在这个过程中，通过协同学习，将言语语言智能、视觉空间智能、音乐韵律智能、人际沟通智能、自我认识智能等多项智能融合在一起。

① 习近平．习近平在中国共产党第十九次全国代表大会上的报告[N]. 人民日报，2017-10-28.

课堂现场链接

《带着手账去历险——〈爱丽丝漫游奇境〉》教学案例

设计者：海曙区高桥镇岐阳小学 林科

1. 入项活动（2课时）

项目内容	带着手账去历险——《爱丽丝漫游奇境》	
组别		
组员	召集人：	
	组员：	
分工	记录员：	手绘师：
	资料整理员：	课件制作员：
	版面设计员：	其他工作：
学习形式	查阅资料（ ） 小组讨论（ ） 调查统计（ ） 其他（ ）	

（1）创设情境，回顾阅读方法。播放电影动画《爱丽丝漫游奇境》，引导学生简说整本书阅读方法，如：读书笔记、主题阅读卡、对比阅读、看动画、做摘记等。

（2）介绍手账文化，引入手账阅读。观看微视频，了解手账文化及手账的多种形式。

（3）头脑风暴，探讨和制定手账方案。学生自由分组，制定方案，明确组内分工及活动流程。

2. 知识与能力建构（2课时）

（1）学习梳理主要内容的方法。回顾《鲁滨逊漂流记》的梳理方法——通过主要事件和时间。借鉴这种方法，我们还能想到的梳理方法——根据主要情节梳理、依据目录梳理、根据旅行地点梳理、人物形象的前后对比梳理。

（2）合作梳理。各组采取你们认为最好的梳理方法，还可以借鉴、学习其他组的方法，在各组的手账本上梳理。

（3）有目的地阅读，搜集、整理资料，分类梳理。

（4）梳理整本书内容。借助“历险故事地图”进行交流。

3. 合作探究（2课时）

学生根据自己的兴趣与特长，选择自己希望呈现的手账内容和形式，然后分小组开始绘制。

（1）讨论。如何对书中的人物进行梳理、介绍。

（2）制作。以图解的形式制作人物名片。

（3）探究。创编爱丽丝还可能遇到哪些有趣的故事。

（4）完善。用贴纸、绘画等装饰手账。

4. 形成与修订成果（2课时）

（1）阐述理念。阐述自己的部分设计理念以及自己在制作过程中的感想或趣味分享。

（2）欣赏评价。各组之间互相欣赏评分。

（3）评价总结。教师对活动过程进行小结提升。

5. 出项（1课时）

（1）邀请全体师生、家长等社会各界人士对发布作品进行观摩，评选出“文编达人”“美化达人”“设计达人”及“手账达人”等。

（2）制作手账在公众平台推送。

（3）情景剧演出。

6. 反思与评价（1课时）

第三节　定位学生的“最近发展区”，形成模型

苏联心理学家维果茨基在《教学过程中的儿童智慧发展》中指出：“儿童的智能发展状态至少有两种水准——‘现在的发展水平’与‘最近发展区’。”“现在的发展水平”是学生现阶段已经掌握的知识与能力，“最近发展区”是指学生当前已经达到的知识水平与不能独自达到的知识水平（潜在发展区）二者之间的地带。

教师如果针对学生“现在的发展水平”进行教学，就会使得学习活动过于简单，降低学生学习兴趣，不能主动地投入学习活动中去。如果我们在“潜在发展区”教学，学生还没有做好相应的准备，那么学习就会变得过于艰难，学生就会

产生畏难心理，也会阻碍学生的学习。只有在“最近发展区”内，教师通过提供有效的支架，设立认知冲突、协同合作、内化与外化的转变等一系列支架，让学生顺利抵达“潜在发展区”。

一、设立认知冲突

传统的教学范式是以“教师为中心”，单向地向学生灌输知识，而走向核心素养的深度学习是以师生之间、生生之间的对话为主。众所周知，课堂教学中的学生之间有着不同的思维方式以及看待问题的见解。拥有不同的看法和观点，才会产生相互对话的必要。就是说在拥有不同观点的学生之间，不一样的思维相互碰撞、相互印证，在这个过程中伴随着自身的思考与纠正，从而推进知识的获得与发展。因此，在教学中，教师应该积极设立认知冲突相关的学习活动，搭建相应的学习支架，建立以对话为中心的学习方式，主动建构知识体系。例如，在探究《鲁滨逊漂流记》的写作意义这部分内容时，教师就是搭建了认知冲突这样的教学支架，引导学生深入文本探究其中的原因。

课堂现场链接

《鲁滨逊漂流记》教学案例

设计者：海曙区高桥镇岐阳小学　林科

同样是冒险类小说，能不能把这部小说写得像《骑鹅旅行记》那样，只是做到把一路有趣的见闻介绍清楚？笛福为什么要这样写？

学生联系自身经验谈感受。

教师出示资料，让学生发表自己的看法。

笛福所处的时代正是科学革命与启蒙运动的时代，人们热衷于到海外进行探险活动，不断挑战自然、征服世界。人们相信，通过科学，人类能够掌握世界的秘密。

《鲁滨逊漂流记》再现了英国早期殖民主义和帝国主义向海外扩张，进行殖民地开发、建构殖民帝国的过程。其字里行间充满了殖民主义话语和浓厚的帝国意识和殖民意识。

二、协同合作

在日常学习中，有这样一些现象，在跟学习伙伴解释自己认为已经理解的知识内容时，有时候会发现自己并不能清楚地向对方说明白。这就说明了自认为掌握的知识有可能还存在一些误区。这个时候，向学习伙伴解释、与他人对话、分享见解，其实就是为自己提供矫正理解内容的契机，也是给自己提供反思的机会。这其实是一种自我反思的过程。有专家指出，新的学习观主张“学习”是一种社会的、文化的活动，这有别于过去把学习视为个人头脑中的活动的学习观。因此，在学习的过程中，教师要努力创设与学生交互活动相关的协同学习，让学生在相互对话中，提升自身的理解。例如，在感受《西游记》这部名著背后的文学价值时，教师开展协同学习，让学生在交流讨论中得到理解。

课堂现场链接

《西游记》教学片段

设计者：海曙区高桥镇岐阳小学　林科

同学们，学到这里，老师想问问大家，这么多古典名著，为什么《西游记》能成为四大名著之一？除了扣人心弦的故事情节之外，还有什么？大家可以借助手头上的资料进行分析，并与同学合作交流、梳理，请看合作学习要求。

独学：独立思考；

组学：组内交流、梳理海报第二部分；

群学：全班展示、分享。

三、内化与外化的交互

所谓“内化”，就是主体把客观世界纳入自身内部的过程，“外化”则是把自身展现给客观世界的过程。与之相应的内化模型的学习是“传递—习得性学习”，那么外化模型的学习则是“参与—习得性学习”与“表达—习得性学习”。

当然，在日常的学习过程中，单纯的内化模型学习与外化模型学习是不存在的，只是各有侧重而已。协同学习，其实就是从外化到内化的教学设计，也就是我们讲的“探究性学习”。有相关专家研究得出，人类的思维与理解大致经历三个阶段：最初是直接的思维未能形成清晰思路阶段，这个阶段的思维还处在模糊不清的地步，称之为“即自性阶段”；接着是外向表达解释阶段，称之为“对他性阶段”，在这个阶段向他者传递、表达自己的思考与见解，这就是之前提到的外化活动；最后将收获到的内容通过转化内化为自己的东西，谓之“对自性阶段”。这三个阶段其实也是学生学习要经历的三个阶段。在了解内化与外化之间的交互关系之后，我们就能在平时的教学中有意识地搭建教学支架，让学生体验以上三个阶段的学习，充分经历学习的过程。

课堂现场链接：

《推荐一本书》教学片段

设计者：海曙区高桥镇岐阳小学　林科

1. 初次写作。

明确了写作要求，接下来，我们结合自己喜爱的课外书，来写一写好书推荐。老师给大家 8 分钟的时间。

这里有个温馨提示：推荐理由可以从一个或几个方面入手，如果写几个方面，注意分段。

学生完成后，互相评价。

2. 搭建学习的支架，二次写作。

（1）借鉴资料。

那推荐理由我们该如何写具体？下面我们来看一份专业书评人写的关于《老人与海》这本书的推荐书评。看了以后，可以和同桌相互讨论一下。

一部坚强与勇气的故事
——《老人与海》推荐书评

《老人与海》是美国作家海明威于1951年在古巴写的一部中篇小说。我今天给大家推荐的是浙江文艺出版社在2017年出版的这一本。

书中最让我印象深刻的是圣迪亚哥与鲨鱼搏斗的故事。“老人拿起船上不多的武器‘短棍’，‘举到不能再高的地方’用尽全力保护着出海第87天、花了两天两夜才捕到的大马林鱼……”

孤身一人的老人面对凶残、可怕的鲨鱼，毫不畏惧，一句“来吧，星鲨，再来吧”，看出老人已经下定了殊死一搏的决心。尽管已经年老力衰，但圣迪亚哥告诉自己“甚至现在也还是可以的”，让自己充满了力量。

难怪有人说：海明威是影响了中国一代人的西方作家，他的影响之大，就像苏俄文学对我们曾经有过的影响，尤其是对20世纪60年代的我们，具有特殊的魅力。

（2）修改习作。

通过刚才交流，你知道了哪些方法？接下来，在原来习作的基础上进行修改。老师给大家6分钟时间。

这里也有个温馨提示：可以运用修改符号，如 [修改符号] 等进行修改。

（3）合作学习。

下面我们来合作学习，请看合作小贴士：

①把自己的推荐理由说给组内的同学听听，让他们帮你提提建议。

②推选小组内公认的写得最好的一篇好书推荐，准备向全班展示。

③相互评价。

CHAPTER 5

第五章

支架式教学的实施原则

支架式教学是在建构主义理论指导下形成的科学的教学模式。语文支架式教学是指教师教学模式在语文教学活动中的运用，教师通过支架设计和支架搭建这一过程，不断地对学生进行引导、调节，找到适合学生的学习内容与方法，让学生学会学习、主动学习、有效学习，最终在这一模式指导下养成自主学习的能力。然而，教师在使用支架进行教学时，虽拥有很大的自由，可以将丰富的支架搭配使用，但这并不意味着支架的使用是随意的，教师在设计和搭建语文教学支架时要遵循几方面的原则。

第一节　支架设计原则

围绕教学目标是教师设计教学支架的前提和基础，教学支架的设计始终要服务于教学目标，同时教学支架的设计要做到以生为本，结合文本核心要素合理设计教学支架，而系统化教学支架的设计则进一步推进教学效果的发生，这是教学支架在语文教学中有效设计的重要原则。

一、目标性原则

学习目标是语文学习最终的归宿，是学生一节课中的“潜在发展水平”，树立目标性原则是教学支架设计的前提和基础。教师不仅要以课标为准则、以文本为基础确定语文核心目标，发现学生的“潜在发展水平”，更要重视前后关联，把握核心目标的序列化，了解学生“现有发展水平”，最终定位学生的“最近发展区”。

在研读语文课程目标、学段目标的基础上，我们需要关注单元整组目标和阅读文本特点，以此来准确定位单篇文本的学习目标，形成单元目标体系。

（一）细研课标，明确课程核心目标

相较于 2011 版课标，2022 版新课标更注重目标的导向性，在 2022 版新课

标中明确指出："语文课程是一门学习国家通用语言文字运用的综合性、实践性课程。"[①] 因此，培养学生语言文字的运用能力仍是语文课程的目标核心。教学支架的设计无疑应步步紧扣课标，明确课程核心目标。

（二）逐层剖析，明晰文本核心目标

统编教材是按"人文主题"和"语文要素"双线编排的，其每组、每篇课文的核心目标呈现前后关联、渐次提高的特性。同时，统编教材在同一主题的目标设置中，也呈现出学段衔接的螺旋上升序列化特点。因此，在逐层剖析语文要素以及学段核心目标序列性的基础上，我们可以明晰该学段整组、单篇课文的文本核心目标，从而了解学生的逻辑起点。

在课程目标、语文要素序列化、单元整组目标指引下，再制定单篇课文的核心教学目标，集成一个目标体系。这样，单篇课文核心教学目标既有与总目标一致的共性，又有每课一得的个性化目标，避免了单元整组学习时目标的孤立、机械，抑或没有整体性。

《女娲补天》是统编教材四年级上册第四单元的一篇课文，本篇课文所在单元的语文要素为"了解故事的起因、经过、结果，学习把握文章的主要内容"以及"感受神话中神奇的想象和鲜明的人物形象"，而这一语文要素是在三年级下册第八单元"了解故事主要内容，复述故事"的基础上的能力提升。本课又是本单元的最后一课，课前提示中也提出了"默读课文，说说故事的起因、经过和结果"的要求，帮助学生梳理故事内容。同时，根据文本的内容，还要求学生"发挥自己的想象，试着把女娲从各地捡来五种颜色石头的过程说清楚、说生动"。

基于学段阅读目标、单元整组要素以及阅读能力的序列化提升要求，在教学中，教师既要引导学生理清文章结构，把握主要内容，也要带领学生深入阅读文本，抓住关键词句，感受故事中神奇的想象，为学生的创造性复述搭好支架。这也是本课教学的目标所在。

---

① 中华人民共和国教育部. 义务教育语文课程标准（2022 年版）[S]. 北京：北京师范大学出版社，2022.

二、主体性原则

“以学生为主体”是支架式教学的重要原则，学生主体地位最直接的表现就是学生能动性的发挥。一切课堂教学活动都要以学生的发展为中心，这是毋庸置疑的。在课堂教学中，运用教学支架作为辅助手段，能帮助学生提升阅读能力、形成阅读素养，而课堂教学支架的选择及运用必须以学生的发展为根本出发点，凸显学生在课堂学习中的主体性、主动性。①

（一）个体探索，自主优化知识建构

个体独立探索活动是教学支架设计中主体性原则的表现形式之一，也是整个教学活动中尤为重要的一环。因此，教师在设计教学支架之前，要花费大量的时间和精力，对每个学生的学习特征、个性需求等多个方面进行调查与分析，把握学生的思想动态及其学习需求。在教学过程中，教师应有意识地给学生提供独立参与探究活动的机会，结合教学内容和学生“最近发展区”设计教学支架，并为学生的独立探究过程提供一定的线索，使学生在学习中步步深入，从而优化学生的自主知识建构过程。

《故宫博物院》是统编教材六年级上册阅读策略单元的最后一篇课文，由两个阅读任务和四则阅读材料组成，是一篇群组课文。这一单元的语文要素是“根据阅读目的，选用恰当的阅读方法”。基于本课的特殊性，同时了解学生的“现有发展水平”，学生通过本单元前两篇课文的学习，已经初步掌握了根据不同阅读任务和目的选择不同的阅读材料和方法这一策略。因此，本课的教学支架应该着重引导学生通过这种方法来进行自主阅读，帮助学生培养有效阅读的能力。

在教学前，教师结合阅读目的设计教学支架：设计故宫一日游参观路线图。这一教学支架的设计充分考虑了学生的“最近发展区”，即能根据阅读目的选择合适的阅读材料。要完成参观路线图，就要先自主阅读文本阅读材料一、三、四，再按步骤进行路线设计。过程中，教师适时点拨阅读方法，便能使学生在自主阅读中设计出合理的参观路线。这样的自主探究型学习支架的设计对于优化学生的知识构建有着重要的价值。

---

① 范娜. 教学支架在阅读教学中有效应用的策略和方法 [J]. 中华活页文选（教师版），2021(14): 28-29.

（二）同伴探究，协作强化知识体系

协作学习也是支架式教学的重要环节，由于学生对知识的理解存在比较明显的差异，在完成独立探究后，学生得出的结论通常是不同的。因此，教师应从班级整体水平出发，把握整体的“最近发展区”，同时充分重视学生之间的差异性，提供协作交流的支架，鼓励学生分享自己的想法，使学生的思维得到发散，从而强化学生的知识构建。

在协作学习支架的设计中，教师要遵循普遍性和基础性的原则，在满足大部分学生的学习需求前提下，不能忽略一些基础较差、理解能力较弱的学生，采用合作探究的支架形式，让学生互相搭建学习支架，以启发学生各自的思维。当然，教师在这一阶段也可以对一些基础较弱的学生予以思维的点拨，让他们更好地理解、建构知识体系，进一步促进学习。

在此过程中，教师应注意以下两点：第一，对学生进行合理分配。学生的认知特点、能力基础、学习习惯等方面存在着比较明显的差异，在小组内部要尊重学生之间的差异性，使学生在学习中实现优势互补，同时要保障小组之间的水平大致接近，使学生获得公平学习的机会。第二，合理设置开放性学习任务，鼓励学生在讨论中充分表达自己的想法，在小组之间进一步展示交流，从而使学生在讨论中弥补自己想法的不足。

在《忆读书》一课的教学中，围绕“读书明智”的人文主题和“根据要求梳理信息，把握内容要点”的语文要素，以课后思考题“用较快的速度默读课文，说说冰心回忆了自己读书的哪些经历，她认为什么样的书才是好书”为教学支架，提高学生在阅读实践中梳理信息、把握内容要点的能力。在此基础上，为推进学生阅读思维，进一步感悟作者的读书方法，教师在教学中设计小组合作探讨的协作型学习支架，要求学生结合自己的读书经历，与同学交流讨论是否赞同作者的读书方法。这样的支架设计充分体现了教学支架的主体性原则。开展讨论活动，鼓励发表观点，既是对自主知识建构的梳理，也是思维的再一次提升，开放式的同伴交流使学生思维不再固化唯一，有了质的飞跃。

三、差异性原则

义务教育语文课程结构是遵循学生身心发展规律和核心素养形成的内在逻

辑，整合学习内容、情境、方法和资源等要素，设计不同的语文学习任务群。[①]它是由相互关联的系列学习任务组成，不同的学习任务群所凸显的教学目标也有所不同。正如叶圣陶先生所说："教材无非是个例子。"[②]那我们又该如何用好这个例子呢？在利用教学支架进行教学时，我们要结合学习任务群所呈现的不同特点合理运用教学支架，组织学生学习，让学生充分经历学习过程，实现对当前所学知识的意义建构，这样才能达到事半功倍的效果。

（一）实用性阅读与交流

这一学习任务群旨在引导学生在语文实践活动中，通过倾听、阅读、观察，获取、整合有价值的信息，根据具体交际情境和交流对象，清楚得体表达，有效传递信息，满足家庭生活、学校生活、社会生活交流沟通需要。[③]

教师应紧扣"实用性"特点，结合日常生活的真实情境进行教学支架的设计，开展阅读与探究活动，引导学生关注社会，表达与交流自己在生活中的发现与感受。如《昆虫备忘录》是统编教材三年级下册的一篇观察说明文，要求学生边读边想象画面，体会优美生动的语句，并试着把观察到的事物写清楚。在这一类实用性阅读文章的教学中可设计阅读探究活动，启发引导学生关注生活，将自己所观察到的动植物进行多感官的观察记录，并将信息整理汇总，用口头或日记的形式将观察所得清楚表达，传达自己的生活感触。

（二）文学阅读与创意表达

此类学习任务群旨在引导学生在语文实践活动中，通过整体感知、联想想象，感受文学语言和形象的独特魅力，获得个性化的审美体验；了解文学作品的基本特点，欣赏和评价语言文字作品，提高审美品位；观察、感受自然与社会，表达自己独特的体验与思考，尝试创作文学作品。[④]

在此类学习任务群的教学支架设计中，要根据学段要求，围绕多样的学习

---

① 中华人民共和国教育部．义务教育语文课程标准（2022 年版）[S]. 北京：北京师范大学出版社，2022.

② 叶圣陶．叶圣陶教育文集 [M]. 北京：人民教育出版社，1994.

③ 中华人民共和国教育部．义务教育语文课程标准（2022 年版）[S]. 北京：北京师范大学出版社，2022.

④ 同上。

主题创设阅读情境，在主题情境中开展文学阅读和创意表达活动，引导学生感受文学作品语言、形象、情感等方面的独特魅力和思想内涵，表达自己独特的感受，进行有创意的表达。如在设计《桥》这篇小说的教学支架时，教师紧扣人物、情节、环境三要素，引导学生通过阅读学习，为文章主人公老支书写一段颁奖词。这一教学支架的设计集文章语言品读、人物形象感知于一体，并鼓励学生尝试富有创意地表达，正是文学阅读与创意表达的特性所向。

（三）思辨性阅读与表达

本学习任务群旨在引导学生在语文实践活动中，通过阅读、比较、推断、质疑、讨论等方式，梳理观点、事实与材料及其关系；辨析态度与立场，辨别是非、善恶、美丑，保持好奇心和求知欲，养成勤学好问的习惯；负责任、有中心、有条理、重证据地表达，培养理性思维和理性精神。①

对于此类阅读文本的教学支架设计，教师应根据学生思维发展的特点，在不同学段创设适宜的学习主题和学习情境，将文本阅读和自主探究、同伴协作探究结合起来，引导学生基于阅读和生活实际，开展研讨等活动，进行观点鲜明、证据充分、合乎逻辑的自主表达。如在《真理诞生于一百个问号之后》这一类文章的阅读教学中，设计的教学支架应以“体会文章是怎样用具体的事例说明观点的”这一话题作为重点教学目标，引导学生“据事识理，以事说理”，由文章观点的理解逐步走向对文章说理方法的理解。其中“据事识理”支架的设计就是旨在引导学生先通过事实对比来激发其对于观点解读的兴趣；然后引导学生联系文章首尾，完善对观点的诠释；最后依据事例，分析事例的段落结构与内容，论证对观点的认知。这一支架的设计与运用，能使学生根据事例完善对文章观点的理解，同时感受事例与观点之间的融合与统一，也为进一步实现学生“以事说理”的思辨表达能力铺设学习发展的道路。

四、整体性原则

整体性即系统性原则，它将教学活动看成一个系统或整体，这一系统中的

① 中华人民共和国教育部 . 义务教育语文课程标准（2022 年版）[S]. 北京：北京师范大学出版社，2022.

每一部分都是相关联、有条理的，并呈现逐步推进的特性。教师在开展基于支架式的教学时，不能毫无章法，要在了解学生整体认知能力的基础上，设计系统连贯的支架，引导学生达成学习目标。①

（一）宏观的整体性原则

宏观的整体性指从开始到结束的每个教学环节都要对文本进行支架式教学设计，支架贯穿于教学全过程，即整个过程结构的逻辑能够反映教学目标和阅读文本的核心内容，且遵循由浅至深的原则。

（二）微观的整体性原则

指在某个具体的支架使用中，教师的引导要符合逻辑，要将这一具体支架按顺序、系统性地展现给学生。

以《跳水》阅读教学为例，教师以“了解作者，导入新课”“聚焦人物，整体感知”“提炼关键，了解过程”“推导思维，解读人物”这四大支架为系统，在每一支架的设计中又提供“阅读—反馈—辨析—小结”四个步骤为每个小支架提供支撑，以实现完整支架系统的设计。

第二节　支架搭建原则

教学支架的设计是教学前的准备，而教学支架的搭建则是教学的过程。在教学支架的搭建过程中，研究支架搭建的适切时机以及在推进学习活动中的不同作用，能使支架发挥最大的功效。

一、生成性原则

学生的“最近发展区”是随着学习的发展而动态变化的，因此，学习支架也要随之调整。所谓的生成性原则即要求教师随时关注学生的学习水平发展状态，

---

① 卢美利．支架式教学在整本书阅读活动中应用的可行性及设计原则 [J]. 新课程研究，2020(14): 23.

确保学习支架的搭建与学生现有发展水平相互配合，使学生较快地适应新的知识建构。

在课堂教学过程中，教师所设计和搭建的支架是教学的临时支撑，用以协助学习者发展新的理解、新的概念和新的能力。随着学习者对这些知识的掌握逐渐加深，教师应根据学生的现有知识水平调整预设支架或撤回支架，以提供进一步的新的支撑用于新的任务、理解和概念，这就要求教师要有敏感“捕捉”学生的需要与及时参与响应学生的能力，这使得支架有了一种偶发性。① 随着教学的深入，教师所提供的支架会越来越少，直至学生自己可以建构、完成特定的任务。从支架的临时性、偶发性与逐步递减性可以看出，支架式教学的过程是非线性、动态生成的，支架式教学的目的就是形成生成性教学，从而使学生更好地在其“最近发展区”内建构、转化知识。

在统编教材五年级上册《桂花雨》一课的教学中，教师搭建“深入品读，感受丰富情感”的教学支架，通过“默读课文，思考‘我’思念的家乡是一个怎样的地方？‘我’怀念的是一些什么样的人？”这一阅读任务，引导学生逐步攀爬支架。在学生学习过程中，因学生学习水平及发展状态的差异性而呈现出不同的知识构建状态，此时教师及时捕捉学生的学习需求，将学习者分为三个层次。其中对于能自主进行支架学习的 A 层次学习者，教师鼓励他们积极表达；对于表达不全面的 B 层次学生，教师则引导他们关注相关语句，进行聚焦式的品读体会，梳理表达自己的思维；而对于课堂中仍无法梳理表达的 C 层次学生，教师则进一步放低学习要求，通过出示关于家乡和家乡人的相关词语，请他们做出相应选择后说明理由即可。根据学生即时生成的学习水平而调整预设支架，使学生顺利在各自的“最近发展区”建构知识体系，攀爬教学支架，进一步促成教学支架的循序搭建。

二、适时性原则

学习支架要在学生恰需帮助时提供，适时性原则强调教师要在最合适的时机进行最恰当的支架教学，对适时性原则的正确认识和把握是利用支架式教学的重要基础，是培养学生独立学习能力的有力手段。但选择在哪一个教学环节

---

① 尹梦婷．“支架”视域下的中学语文生成性教学 [D]. 乌鲁木齐：新疆师范大学，2017.

为学生搭建支架，是值得每一位教师仔细思量的。我们知道，学生是处于不断发展中的人，他们某种学习能力的发展是有关键期的，处于该时期的孩子，某种学习能力的发展或者掌握某种阅读方法感到容易且能很快学会。反之，如果教师没有依据学生的学习规律和心理特点来进行支架搭建，一旦错过了这个关键时期再去学习，即便有支架的辅助，也需要耗费师生更多的时间和精力，结果往往是事倍功半。

对于适时性原则的把握，首先就是要将它落实于教学设计之中，教师要运用系统的方法去分析教学过程的教学问题，着重把握学生已有的发展水平，在此基础上搭建具体的、可操作的学习支架。其次，适时性原则要灵活运用于教学过程当中，教师要通过各种方式随时了解学生的学习水平以及学生的学习困难点或思维提升点。此时，教师要及时提供合适的学习支架，帮助学生顺利跨越“最近发展区”。

如统编教材五年级下册《景阳冈》一文中，作者对武松打虎的动作描写非常精彩，教师在学生反复品味语言、想象画面的基础上，播放了电视剧《水浒传》中武松打虎的片段。这个适时搭建的“链接型支架”很好地将学生的阅读成果与直观的画面有机结合，不仅激发了学生学习名著的兴趣，还让他们对文中精彩的动作描写印象深刻。

三、渐退性原则

渐退性原则是指当学习者能够承担更多的责任时，支架就要逐渐移走，给学生留下更多意义建构的空间。在学习任务开始之初，学生很容易出现无从下手的情况，对于一些较难的学习任务更是带有畏难情绪，因此，就需要教师在这时给予较多的演示和指导，引导学生去发现、理解问题。在教师的指导下，学生可以快速地找到认知的规律和方法，继而使自己的学习水平逐渐提高。但随着学习者的学习水平越来越高，对知识的建构越来越深入，教师就应该逐渐减少学习支架的使用，直到学生完全脱离学习支架，并能独立地发现问题、理解问题、解决问题，这也是支架式教学的最终使命。

总而言之，语文支架式教学的实施原则是：始终围绕学生的学习过程，以培养学生的独立学习能力为目标使命。学习支架在设计与搭建的过程中也应保有一定的变通性，使其真正成为促进学生有效学习的助推剂。

CHAPTER 6

第六章

支架式教学的支架类型

建构主义学者根据“最近发展区”理论，提出了支架式教学法，其核心是为学生提供适当学习支持，帮助学生一步一步进阶学习过程。小学语文课堂中，借助支架可以促进学生高效获得语文知识、形成语文能力、构建阅读策略，发展学科素养。教学中可用的支架形式多样，本章将从支架的功能角度例谈四种常用的语文教学支架类型。

第一节　范例式支架

范例即举例子，它是符合学习目标要求的学习成果或阶段性成果，往往涵盖了特定主题学习中最重要的探究步骤或最典型的成果形式。学生借助示范性的例子进行模仿，从而化难为易，掌握带规律性的知识和方法，更好地进行自主阅读，发展思维。

一、典型语段范例

教材中入选的课文都是文质兼美的，是学生学习语言文字的典范。以语文教材中典型的段落或文章作为范例，揭示语文学习规律，为学生提供学习的模式和经验，让学生自主地归纳方法、掌握技能，以便在随后的迁移阅读中举一反三，进行运用。

统编教材四年级下册第五单元是习作主题单元。它围绕人文主题“妙笔写美景，巧手著奇观”编排了六个部分的内容：篇章页，《记金华的双龙洞》《海上日出》两篇精读课文，交流平台，初试身手，《颐和园》《七月的天山》两篇习作例文和习作。其中，《记金华的双龙洞》和《海上日出》是精读课文。《记金华的双龙洞》按游览顺序来写，《海上日出》则从亮光、位置、颜色等方面写出了太阳的变化。因此，对于两篇精读课文的教学，教师要用好“范例”的功能，为学生更好地完成单元习作搭建支架。教师可以在学生整体感知后小结：我们在写景的时候，也可以像作者这样按照一定的顺序来写。又如《记金华的双龙洞》一课中，对孔隙这一段的描写也特别出彩，作者不仅写了自己看见的，还通过自己的感受写出了孔隙“狭小”的特点。如：“我怀着好奇的心情独个儿仰卧在小船里，自以为从后脑到肩背，到臀部，到脚跟，没有一处不贴着船底了，才说一声‘行了’，船就慢慢移动。眼前昏暗了，可是还能感觉左右和上方的山石似乎都在朝我挤压过来。我又感觉要是把头稍微抬起一点儿，准会撞破额角，擦伤鼻子。”教学这一部分时，教师可以围绕这个范例支架进行拓展渗透，体会作者将自己的感受融入写景时的表达方法，引导学生在描写景物时也可以像作者这样融入自己的感受，这样就可以将印象深刻的景物写清楚。

二、互文比照范例

在具体学习过程中，细读文本、咀嚼语言往往是教学的重要环节，也是提升学生语言文字运用能力的重要途径。为突出教学重点，凸显文本的精妙，这一板块可以从语言文字内部出发，对文本内容进行改写，呈现与原文有别的“负向文本”，构建比照范例支架。通过对原文和“负向文本”的比较赏读，深入品鉴，发现原文独特的表达效果，有效突破难点，使课堂妙趣横生。如统编教材五年级上册《圆明园的毁灭》一文，从字词运用到谋篇布局，都可以进行比照。如字词运用的比较，课文的第五自然段中，有这样的句子：“1860 年 10 月 6 日，英法联军侵入北京，闯进圆明园。他们把园内凡是能拿走的东西，统统掠走；拿不动的，就用大车或牲口搬运；实在运不走的，就任意破坏、毁掉。”教学时，教师将“凡是、统统、实在、任意”等词语删去，引导学生和原句对比品味，体会词语的作用。在品读中，学生体会到这些词语写出了侵略者的野蛮行径，表达了作者对侵略者的痛恨。在对比理解的基础上，学生便能更进一步理解课文，读出情感。

三、思维方法范例

在学习过程中，常常出现这样的情况，学习范例已然有了，但是缺乏具体操作的流程。此时，就需要给学生提供思维方法的范例，教给学生具体的学习和思考方法。如统编教材四年级上册《为中华之崛起而读书》中的一个教学片段：

师：同学们，刚才我们读书的过程中，还思考了一个问题：这篇课文主要写了什么？课文比较长，这个问题有点难，课堂作业本提示课文一共写了三件事。我们先来看看第一件事，是从第一自然段写到哪里呢？

生：第十自然段。

师：想一想，这部分内容主要写了一件什么事？

生：课文主要讲了在新学年的修身课上，魏校长问诸生为什么而读书，同学们有的说为家父而读书，有的说为明理而读书，周恩来说为中华之崛起而读书。

师：你用自己的话把长长的一件事说完整了。这件事情中有谁呢？

生：有魏校长、周恩来，还有同学们。

师：这么多人，主要在写谁？

生：周恩来。

师：是的，主要写周恩来，周恩来是主要人物。写周恩来的什么事情呢？

生：周恩来在修身课上回答要为中华之崛起而读书。

师：如果加上时间，就能说得更清楚。（板书：周恩来　为中华之崛起而读书新学年的修身课上）

师：谁能看着板书，把这些信息连起来说一说？

生：第一部分主要讲了在新学年的修身课上，周恩来回答要为中华之崛起而读书。

师：刚才我们概括这件事的时候，先抓住了周恩来这一主要人物，又说清楚了围绕他的事件，还加上了时间，这样就可以把一件事情说得更加清楚。（板书：时间　主要人物　事件）

师：后面的第二件事情和第三件事情分别发生在什么时候，找一找？

生：十二岁那年和一个星期天。

师：是的，你能不能也像这样用上时间，抓住主要人物、事件？试着概括课文其他两件事，完成课堂作业本的后面两个方框。（生自主完成课堂练习）

对于“课文主要写了哪三件事？”这样笼统的问题，如果直接放手让学生独立完成，或者对第一件事讨论和交流时没有得出具体可操作的方法，可想而知，对四年级上学期的同学来说，这样的概括是有很大难度的：有的主要事件不突出，只关注一些对话、细节；有的主要事件不简明，笼统且没有说明具体事件。

究其原因，关键还是没有为学生提供具体的思维支架，没有教给具体的梳理方法。此案例中，教师以第一件事为范例，在学生自己概括的基础上，及时捕捉学生提供的有价值的信息并加以提炼，在黑板上形成表格式标题：

时间	主要人物	事件
新学年修身课上	周恩来	为中华之崛起而读书

之后总结方法：刚才我们就是通过抓住主要人物、事件，再加上时间的词语，梳理了第一件事。你能不能也用这样的方法试着梳理第二、第三件事呢？这里“时间、主要人物、事件”三个关键词的提炼就为如何概括一件事提供了思维过程的支架辅助，化难为易。在交流过程中，学生不同的观点发生碰撞，学生的思维及把握文章主旨的能力也在悄然形成。

第二节 策略式支架

在语文学习中，从梳理概括主要内容、读懂一句含义深刻的话，到对文本进行合理的解释等，都需要有相应的方法来推进学习过程。因此，学习方法的渗透与指导在课堂教学中显得尤为重要。语文教学中，教师要为学生适时搭建策略型支架，深化学习过程，并引领学生将这种策略迁移运用于其他文章的学习，最终形成语文能力。①

一、指向主要内容的把握

“在教学中尤其要重视培养学生整体把握的能力”是语文教育的特点之一。在第二学段“初步把握文章主要内容”的基础上，新课标在第三学段目标中对这项能力提出了更高的要求：“阅读叙事性作品，了解事件梗概”“阅读诗歌，大体把握诗意”“阅读说明性文章，能抓住要点”。因此，在阅读教学中，尤其是

① 赵芸．支架式教学在小学第三学段语文阅读教学中的应用 [J]. 基础教育论坛，2020(7): 9–11.

第二、第三学段的阅读教学中，教师要特别关注不同文本在把握主要内容上的特点，为学生搭建适宜的策略型支架，提升整体把握的能力。

（一）要素支架

写事的文章通常都有时间、地点、人物和事件的起因、经过、结果等六大基本因素，抓住这些要素就已经提取了一些关键词。因此，概括这些文章的主要内容时，我们只要厘清这几项要素支架，并用连接词串连起来，就成了这篇文章的主要内容。如《普罗米修斯》是统编教材四年级上册神话单元的第一篇精读课文。整体感知部分环节，如果笼统地抛出问题：这篇课文主要讲了一个什么故事？对于四年级上学期的学生来说，无疑是有难度的。没有具体的方法依托，该如何概括呢？因此，教学时可以引导学生先找找哪一部分是故事的起因，这部分主要说了什么；之后引导学生再找找哪一部分是事情的经过、结果，分别说说讲了什么内容；最后，把起因、经过、结果连接起来，就自然而然地把握了课文的主要内容。

（二）图示支架

图示能将抽象的思维过程可视化，是一种构建在视觉思维上的学习支架。一个好的图表型学习支架，辐射文本内容广，学习活动时间长，能充分满足学生的自主学习需求。画思维导图、情节图等，都属于图表型学习支架。教学中，提供一些简单易学的可视化图表作为学习支架，可以将学习过程中的思维活动可视化，促进学生积极领悟阅读程序和阅读策略，建构阅读图式。如情节曲线图，它的优点是可以直观呈现叙事情节的发展变化，适用于情节跌宕起伏的叙事类文本。《刷子李》是统编教材五年级下册的课文。对于习作单元的精读课文而言，尤其需要关注单元语文要素“学习描写人物的基本方法”，为单元习作《形形色色的人》做好铺垫。文章通过侧面描写曹小三的心理，很好地烘托出了师傅“刷子李”的人物形象。教学时，在交流中顺势形成一张曹小三心理活动的思维图示，从侧面表现“刷子李”的技艺高超，感受故事的一波三折（如图 6–1 所示）。

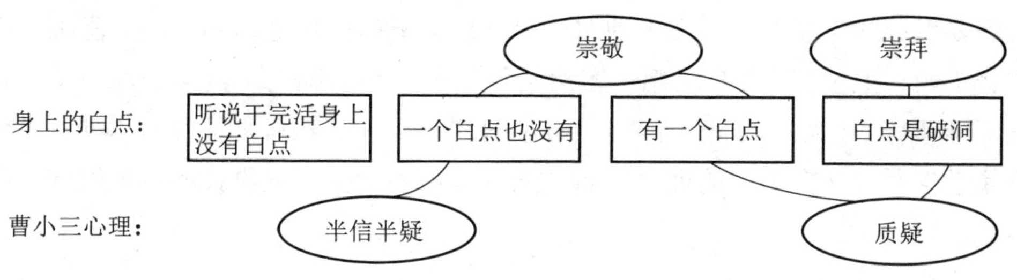

图 6–1 《刷子李》思维图示

（三）问题支架

作者写一篇文章，往往是围绕一个中心抓住几个问题，按一定的顺序来写。阅读时，我们可以想一想作者所要说明的是哪几个问题，把这几个问题连接起来，就能较好地把握文章的主要内容。如统编教材五年级上册《我的“长生果”》一文，就可以紧扣阅读提示中的两个问题来展开教学：用较快的速度默读课文，说说作者读过哪些类型的书，从童年读书、作文中悟出了哪些道理。这样辐射全篇的主问题支架，可以引导学生从整体上把握文本，并逐层深入走进文本内核。

二、指向词句的理解体会

在小学语文阅读教学中，理解深刻含义的句子是重点也是难点。因此，在课堂教学中，教师要根据学生在这个学习内容上的“最近发展区”，为学生搭建策略型支架，如借助关键词、联系上下文、结合具体事例、联系生活实际等方法来帮助学生掌握理解词句的方法，获得举一反三的能力。

（一）联系语境

进入第二学段，联系上下文理解词句是重要且常用的方法。联系上下文要求学生能上下勾连，在具体语境中了解词句的意思。如统编教材四年级上册《蟋蟀的住宅》一文，文中说：“假使我们想到蟋蟀用来挖掘的工具是那样简单，这座住宅真可以算是伟大的工程了。”为什么说蟋蟀的住宅算是伟大的工程？这就需要引导学生联系上下文来理解，上文说的蟋蟀的住宅向阳、洞口隐蔽、清洁、干燥、卫生；下文介绍蟋蟀盖房子仅靠前足和后腿，工具柔弱而简单，这就不难理解“伟大的工程”的含义了。在阅读教学中，教师如能经常引导，不仅能使学生对词义有确切的理解，而且能逐步培养学生根据语言环境理解词义的能力。

（二）展开想象

在一些写景的文章中，有些句子难以理解。这时教师要引导学生边读边想象，在头脑中形成画面，便容易理解了。统编教材四年级上册《观潮》中有不少描写潮水来时的句子，如：“浪潮越来越近，犹如千万匹白色战马齐头并进，浩浩荡荡地飞奔而来；那声音如同山崩地裂，好像大地都被震得颤动起来。”理解这个句子时，教师可以引导学生想象画面：读着这个句子，你的眼前仿佛看到了什么？听到了什么？在交流中辅以图片、声音、视频等，从而体会钱塘江潮水的壮观景象。

（三）唤起生活体验

课文有不少陌生的词语，特别是一些抽象的词语，理解起来有一定困难，但是，如果能恰当地把这些难懂的词语和学生的生活实际联系起来，就能够通过自己的思考理解它们的意思。统编教材三年级上册《美丽的小兴安岭》一文中，对于理解和体会像“早晨，雾从山谷里升起来，整个森林浸在乳白色的浓雾里”这样的句子，就可以引导学生回忆生活中有没有这样的经历：当周围全部是白茫茫的大雾时，你有什么样的感受？有的同学说眼睛能看到的地方都是白色；有的同学说眼前仿佛是一个乳白色的世界。在和生活的联结中，文字也更鲜活可感了。

三、指向词句的积累深化

积累是学习语文的有效方法。当学生遇到积累的困难时，教师要将自己的角色定位于引导者，帮助学生利用自己已知的知识点搭建起迁移学习的支架。

（一）关注写作顺序

写作顺序主要有时间顺序、空间顺序、逻辑顺序。按照写作顺序进行积累背诵是常用的方法。如统编教材四年级上册《观潮》一文，课文第三、第四自然段是要求积累背诵的语段。在熟读的基础上，教师可以抓住表示时间顺序的词语，提供语段背诵支架。如：午后一点左右，________________________。过了一会儿，____________________。再近些，______________________。学生根据这些表示时间的词进行记忆，就大大提高了积累的效果，同时也在积累实践中学会借助这样提示写作顺序的词句进行积累背诵的方法。

（二）紧扣关键词句

关键词句是文章展开的线索，往往能提示段落的重要内容。在统编教材五年级上册《四季之美》教学中，教师可以先引导学生分段自由朗读课文，通过圈画每个自然段的关键语句，厘清课文的脉络，整体把握课文内容。接着，可以让学生细细品读课文——“四季中最美的是什么季节？这个季节中最美的景物是什么？”对每一自然段中的关键词语进行品析，并通过换词、对比、想象画面等方式使学生进入积极主动的思维和讨论中，加深对语言文字的理解和体验，有所感悟和思考。在整个学习活动中，教师引导学生与优美词句亲密接触，层层深入，反复品析、玩味，最后积累内化，水到渠成。

（三）借助画面生成

优美的文字常常能使人展开想象，具有鲜明生动的画面感。例如，在积累背诵相关段落时，教师就可以通过出示相应的画面为学生提供背诵支架。统编教材三年级上册《大自然的声音》一文中，第二、第三自然段是需要积累的段落。为降低学生积累背诵的难度，教师可以出示“微风拂过”“狂风吹起”的画面，通过画面再现文本所描述的情境，唤醒学生的体验。学生借助这样的两幅画面，能进一步理清语段的表达顺序，同时也在背诵中有了更深刻的体会与理解。

第三节　链接型支架

学生的生活经验和知识储备有限，课文中所涉及的有些内容可能是学生根本没有见过或听过的，这会给课文的学习、阅读能力的培养带来障碍。同时，语文学习离不开广泛的阅读、吸收，特别是进入小学中高学段，学生自主阅读能力增强，教师更应在核心目标的引领下，为学生提供有价值的文字、影像资料，为学生搭建链接型支架，辅助目标达成的同时，丰富学生的认知和阅读量，在有限的语文课堂中弥合“课内”与“课外”的鸿沟。

一、背景链接，拉近距离

（一）链接作品相关背景

每一部作品的诞生都离不开当时的情和景，或是社会时代背景，或是作者、人物生活的处境。如学习《好的故事》一课，可以链接当时在帝国主义压迫下广大劳动人民艰难生活的相关资料；学习《灯光》一课，可以链接当时红军和老革命根据地人民的斗争、生活等背景资料，只有这样才能拉近学生与文本的距离，更好地理解课文表达的情感。

统编教材四年级上册《为中华之崛起而读书》一文所描写的事件内容与学生的生活是有年代距离的，为引导学生了解当时的中华不振的社会状况，老师分层链接了有关“租界”和“华人与狗不得入内”这两份资料。

师：同学们，通过刚才的学习，跟着周恩来的脚步，你了解到当时的中国社会是怎么样的？

生：以前政府腐败、软弱无能，国家不强盛。

师：是的，课文中就多次出现了“中华不振”这个词语。接下来，请你默读“第二件事”，课文哪些地方具体描写了“中华不振”？边读边画出相关句子，写写自己的想法。（生自主学习）

生1：我找到的句子是这一句：在奉天上学的时候，伯父告诉他，奉天有些地方被外国人占据了，不要随便去玩，有事也要绕着走，免得惹出麻烦没有地方说理。中国人都不能随便到被外国人占据的地方去玩，有事也要绕着走，我感受到中华的落后不振。

师：你知道“被外国人占据”的地方是什么地方吗？

生：当时叫租界。

师：是的，租界是指帝国主义国家通过不平等条约，在中国强行取得的供其在一定时期内使用和管理的地区。比如：天津租界、上海租界，当时被好多西方国家占有。在汉口被外国人占据的地方，中国人力车夫必须穿上像犯人一样的“号衣”。外国人就像管犯人一样管理人力车夫。在上海被外国人占据的地方，中国公民不能享受一等车厢。

师：还有一则《华人与狗》的故事，请同学们自己读读。说说你的感受？

生1：竟然把我们华人像狗一样看待，太气愤了！

生2：堂堂华夏，怎么能被外国人这么欺负！

师：同学们，为什么这些列强拿我们中国百姓像狗一样看待？

生2：因为中华落后，中国衰败，地位低下。

师：是啊，这就是“中华不振”呐！让我们来合作读读这个句子。

《为中华之崛起而读书》一课所描写的年代距离学生所处年代较远，学生在理解时存在困难。如果他们不了解当时的社会状况，不了解当时老百姓的生活状态，那么整个课堂无法形成共同的感情积淀，对周恩来立下“为中华之崛起而读书”的志向的理解也就仅停留在语言文字的表面上，并没有真正的情感共鸣。

因此教学中在理解“中华不振”时，可以先让学生交流对当时的社会状况和百姓生活的了解，然后进一步补充相关的资料，从而拉近了学生与文本的距离，也为真正理解周恩来立下远大志向做了充分的铺垫。

（二）链接作者创作背景

在语文教材中，有不少意蕴丰厚、流传很广的经典篇章，比如古典诗词。古诗词的教学，一向就是语文教学中的难点，它肩负着提升学生语文素养、传承民族文化的独特使命。小学生由于缺乏对诗人生活背景的了解，往往只能从字面上理解诗词，对于古典诗词所负载的思想意蕴、作者所要抒发的情感常常是一知半解。因此，语文教师应当做好充分的前期准备，在充分搜集资料的基础上，把作者的生平、当时的社会背景等进行整合、联结、处理，在课堂教学中适时讲给学生听，帮助学生体会诗词的意蕴和内在的含义。例如，教学陆游《秋夜将晓出篱门迎凉有感》一诗时，关于诗句“遗民泪尽胡尘里，南望王师又一年”的理解，学生是有难度的。此时就要链接陆游创作此诗的背景：南宋时期，金兵占领了中原地区。诗人创作此诗时，中原地区已沦陷于金人之手六十多年了。北方遗民年年盼望朝廷的军队北伐收复失地，却年年失望。这样的背景引入，降低了学生理解和体会的难度，也更深入地体会到陆游对朝廷的那份失望又未绝望的复杂的心情。

（三）链接主人公生平事迹

语文教材中有不少关于历史人物的故事，但因其离学生的生活较远，很多学生没有兴趣深入阅读。如果我们能将主人公的事迹引入课堂，让主人公成为“真实的”“丰富的”“立体的”人物，必将收到事半功倍的效果。例如，统编教材三年级《不懂就要问》一文，讲的是孙中山小时候在私塾读书学习的故事。虽然所在单元的语文要素是“关注有新鲜感的词句”，但不妨在教学时适时地链接孙中山的生平和故事，从而消除学生对主人公的陌生感，更好地激发学生学习课文的兴趣。

二、难点链接，丰富认知

（一）知识性链接

许多文本中会涉及一些科学性的知识或定义，这是学生学习时的障碍。教师如能适时地为学生提供链接型支架，便能帮助学生走出知识盲点，丰富认知。

如统编教材四年级下册《琥珀》一文，学生对琥珀形成过程的理解存在一定的困难。这时，教师就可以出示课后的“阅读链接”，引导学生静心阅读并思考：阅读链接里是如何介绍琥珀形成的过程的？资料中的语段在表达上和课文有什么不同？学生阅读后，都能从学习资料中了解到琥珀形成的三个阶段（即树脂—硬树脂—琥珀），并通过与课文第六至第十二自然段进行比较，发现资料中的语段采用的是平实性说明的表达方法，而课文采用的是文艺性说明的表达方法。可以说，“阅读链接”融入课文教学中，不仅帮助学生理解“琥珀”的意思，还提高了阅读理解的能力，对文本的理解从粗浅走向了深刻。

（二）情感体验性链接

在学习统编教材五年级上册《桂花雨》一课时，教师可以通过设置问题引导学生进行思考。如，桂花明明都落下来了，作者为什么说“全年，整个村子都浸在桂花香里”呢？为什么母亲会说“这里的桂花再香，也比不上家乡院子里的桂花”呢？学生思考后再引入阅读链接的阅读。在学生阅读的同时，教师可以设置问题：默读阅读链接，说说这篇阅读链接主要讲了什么？从中你有什么体会？有了阅读链接作为踏板，学生对琦君文字中流露出的情感有了感悟，再将此情感迁移到课文中，在理解课文的关键句上也就有了新的体会：母亲对比的不是桂花的香气，而是对家乡、对亲人的思念。在母亲的记忆里，桂花已经成了家乡的象征、思乡的情绪。通过桂花香味想起的是对故乡以及亲人的深切思念。通过阅读链接的学习，学生能更准确、更全面地把握文章所要表达的思想感情。

三、拓展链接，丰厚文本

（一）由一篇到一本

课堂学习的内容是有限的，课外学习的外延却是宽广的。我们可以课堂学习为支点，引导学生走向更广阔的课外学习，架构起课内外学习的桥梁，实现从学习到应用的华丽转身。如统编教材五年级下册《猴王出世》的结课。

师：同学们，第一回石猴三跳获名“美猴王”（出示不同时期的图片），后来菩提老祖唤他——

生：孙悟空。

师：第四回玉皇大帝赐官——

生：弼马温。

师：第十六回唐僧给他起名——

生：孙行者。

师：最后取经成功变成——

生：斗战胜佛。

师：不同名字变化之间到底有哪些神奇的故事？课后同学们可以继续运用所学方法打开这本神魔小说，读原著《西游记》，叹取经艰难，悟人生真谛。

在课堂的最后，教师以不同时期石猴不同的称谓来唤起学生对阅读《西游记》的兴趣，从而使学生的视野延展到了《西游记》整部著作，从一篇走向一本。又如，学了统编教材四年级上册神话《盘古开天地》，拓展阅读《中国古代神话故事全集》《古希腊神话》等，可以引导学生感受神话故事神奇的想象、离奇的情节、丰富的夸张等特点；学了《三打白骨精》《三顾茅庐》，拓展阅读《西游记》《三国演义》等，浸染中国传统文化。

（二）由一篇到一类

很多文学作品并非孤立的存在，如果进行相关文章的群文阅读，则会对这一类作品有更深的认识。如《刷子李》一课的最后，可以链接选自《俗世奇人》中“泥人张”的故事。课堂中可以组织学生分段速读故事，让学生在阅读中产生问题，在问题中猜想情节，进行“1+1”拓展阅读。通过分段阅读，大胆猜想故事的发展，学生进一步体会了小说情节的一波三折。从书名到目录再到篇目，从奇人到奇活再到奇书，从创作特点到语言风格，从人物形象到故事情节……至此，学生对整本书《俗世奇人》的阅读充满了浓浓的兴趣，师生共读《俗世奇人》便顺理成章。

（三）由作品到作者

学习入选教材的一篇作品后，还可以外引作家的其他作品来更深入地了解作家的写作风格。比如，学习丰子恺的《白鹅》后，就可以读读丰子恺其他的作品，如《手指》等；学习了《草原》一文，还可以阅读老舍的其他游记《济南的冬天》《林海》，乃至《猫城记》《骆驼祥子》等长篇小说，引导学生拓宽阅读视野，在大量的阅读实践中感悟每位作家个性化的语言风格。

四、比较链接，品味语言

（一）同一题材比较

在核心阅读目标的引领下，将题材、意境、作者、写法或体裁方面有一定联系的课内外学习资料进行比较阅读，以这样的链接型支架变单篇课文的学习为同类表达方法、同类题材意境的领悟和迁移，在品味语言的同时，帮助学生走出狭小的“教科书”阅读圈。在统编教材四年级上册《普罗米修斯》一文教学的最后，教师就结合作业本，将课内文本的学习引申到课外学习内容中去。课堂上以课后的“阅读链接”为学习凭借，引领学生在课堂上将古希腊关于“火”的故事和中国关于“火”的故事进行对比阅读，这样就使学生将阅读视野扩展到了课外，也更激发学生探究的热情，学生自主学习、探究学习的能力得到进一步提升。

（二）同一体裁比较

学生语文素养的提升，仅靠教材是远远不够的，还要延伸阅读，尤其是文体单元，如童话、神话、民间故事等，需要在广泛阅读的基础上才能对一类文体有足够充分的了解。课堂上学完《猎人海力布》《牛郎织女》这两篇民间故事后，可以继续给学生推荐其他一些民间故事，如阅读《孟姜女》《白蛇传》《梁山伯与祝英台》等经典的民间故事，在阅读和比较中发现民间故事的特点。这样就使得学生从“一篇课文”引向“一类文章”，不仅挖掘了学习的深度，还延展了学习的宽度。

（三）同一写法比较

到了高年级，还需揣摩文本的表达方法和特点。从写法上进行比较，可以更好地提升学生语言文字的运用能力。如在教授统编教材五年级下册《威尼斯的小艇》时，可以链接朱自清的《威尼斯》、法国乔治·桑的《威尼斯之夜》，引导学生思考在描写威尼斯时，三位作家的表达方法有什么相似之处。学生通过品读思考后发现，三位作家虽然有不同的描写角度，但是都有对威尼斯小城的动态和静态的描写。在这样的比较中，学生品析鉴赏，也在潜移默化中习得语言文字的运用能力。

第四节　表达型支架

叶圣陶先生曾说："阅读是吸收，写作是倾吐。倾吐是否完全合乎法度，显然与吸收有密切关系。"① 这句话形象地揭示了读与写的密切关系。在阅读教学中，教师要增强语言文字运用的意识，注重读写结合，搭建针对性的表达型支架，让学生在一次次的言语实践中提高运用语言文字的能力。

一、读写结合支架

（一）句式的迁移

统编教材五年级下册《杨氏之子》教学的最后，学生已经读懂了语言背后的巧妙之处，此时如果创设情境来进行仿说练习，就能进一步深化认知。因此，在感受对话巧妙之后，教师可创设情境问学生："假如来的这位叔叔不姓孔，而是姓李、姓黄、姓柳、杨氏子，你们又该如何应对呢？"通过多媒体课件出示句子仿说支架："未闻__________是夫子家__________。"学生表达热情高涨，纷纷对答曰："未闻黄莺是夫子家鸟""未闻柳树是夫子家木"。在迁移运用的过程中，既进一步引导学生理解了杨氏子对答的巧妙，又进行了语言文字的实践运用，内化了文本语言。

（二）构段方式的迁移

很多文章构段方式精巧，是学生学习语言文字运用的好材料。《火烧云》第四至第六自然段的教学中，在品味词句描写动态美之后，教师着眼于三个段落的构段方式并小结：作者先写了火烧云的出现，然后对火烧云的样子进行了描写，接着写出了它的变化，最后又写了火烧云的消失（师用横线画）。在描写火烧云的样子的时候，还融入了自己的想象。同时，作者还通过一些表示时间转换的词，突出了火烧云形状变化之快，让人读着十分有趣。这样的写作方法值得我们学习。之后引导学生进行迁移练习：火烧云还会像些什么呢？请你模仿课文中的语段，按照时间顺序也来说一说。教师教学中不仅关注到了文本"写

① 叶圣陶．叶圣陶语文教育论集 [M]. 北京：教育科学出版社，2015.

了什么”的内容，还关注到了“怎么写”的语言特色，让学生在课堂尾声进行迁移仿写，水到渠成。

（三）谋篇布局的迁移

新课标提出，第三学段要“在阅读中了解文章的表达顺序，体会作者的思想感情，初步领悟文章的基本表达方法”。教材中入选的文本文质兼美，在谋篇布局上也都有一定特点，或讲究前后呼应，或巧设悬念，或点面结合，传达了作者的意图。精巧谋篇布局是文章内在联系和外在形式的统一，是经过作者精心构思和设计而成的。如统编教材四年级下册《母鸡》一课，文章结构清晰，前半部分写“我一向讨厌母鸡”，再写它令人生厌的三个方面；后半部分又具体写了母鸡如何保护鸡雏们的安全，为小鸡们找食，还耐心地教小鸡雏们学习生活本领等，来体现母鸡的“负责、慈爱、勇敢、辛苦”，文章先抑后扬，前后形成了鲜明的对比，表达了对母爱的赞颂之情。教学时，可先让学生画出“我”对母鸡的态度前后变化的句子，然后分别梳理、概括讨厌和喜爱的原因。在交流中形成的图示成为学生学习此类谋篇方法的有效支架。

二、情感表达支架

文章不是无情物，任何一篇文章都承载着作者想要表达的情感，很多入选教材的经典篇目，都是作者个人的体会与感悟，是思维与情感的迸发。在教学中通过想象画面、音乐渲染等情感表达支架，可以激发学生的情感体验，丰富学生的个人情感，帮助学生形成正确的情感态度和价值观。

（一）多媒体情境的创设

例如，《伯牙鼓琴》是统编教材六年级上册的一篇文言文。文言文言简义丰，含蓄蕴藉，其教学不能停留在文字表面，需要创设情境，使学生深入其中，帮助学生感受其丰富的意蕴。同时，“借助文字展开想象”也是所在单元的语文要素。因此，教师要引导学生在朗读中展开想象，在想象中有感情地朗读。

朗读想象，体会“巍巍太山”

[支架1]借助音乐，想象画面

师：伯牙的琴声里有高山，你们听——（播放《高山流水》“高山”部分，闭上眼睛想象）子期子期，当你听到伯牙的琴声时，你仿佛看到——

生1：我仿佛看到一座座青翠秀丽的山峰直插云霄。

[支架2]借助图片，想象画面

师：看，这就是巍巍的高山（PPT显示高山的图片），谁能再读一读这句话？

生2：（朗读，读得非常投入）

[支架3]借助文字，想象画面

师追问：老师听出来了，你把这个“巍巍乎”读成重音进行了强调，为什么呢？

生3：因为“巍巍乎”这个词语是形容山很高大的样子，读着这个词语我仿佛看到了一座座高山高耸入云，像巨人一样屹立着。

案例中，教师引导学生想象“太山”的画面时，搭建了三级支架，让学生在朗读想象中感受意境。通过音乐、图片等形象化的手段，立足文字，展开想象，学生在想象中看到了高山之巍峨，感受到了伯牙的琴技之高超，体会到了伯牙子期的友谊之珍贵；在想象中提升了朗读的层次，在朗读中展开了想象，品味了意境。

（二）生活经验的调动

生活是学习的源泉，离开生活经验，学习将成为无本之木。导入新课，要学会唤醒学生的生活经验，让生活经验与学习产生共振，获得更好的学习体验。谈话导入法充分利用了学习的这一特点，既能快速集中学生的注意力，又能营造和谐愉快的教学氛围，为整堂课的学习做好铺垫。例如，在教授统编教材一年级下册《一个接一个》一文时，课堂伊始，老师就亲切地问学生：“同学们，你们喜欢玩什么游戏呢？”学生兴致高昂，纷纷举手说出了各种好玩的游戏。老师顺势提问：“当你们玩游戏玩得正高兴的时候，被妈妈喊回家，你们是什么感受呢？”大部分学生都表达了“不情愿、不开心”等心情。这时，老师说道：“原来你们都不喜欢被别人打断啊！可是，有一个人却和你们的感受不一样哦。

她是怎么想的呢？接下来就让我们一起走进课文《一个接一个》。”通过谈话交流，使学生对课文中的“她”产生了浓厚的兴趣，对课文的学习也充满了期待。

（三）教师语言的渲染

在教授统编教材四年级上册《麻雀》（习作单元）一文时，学生明白了文章内容、感悟了老麻雀的伟大形象后，发现了作者写作的奥妙，随即进行写法迁移练习。教师适时提供贴近学生生活的素材，让学生尝试打开习作的闸门，充分调动学生的各种感官，激发学生写作的冲动。

三、想象补白支架

文学作品的语言是一种具有审美能力的表现语言，“空白”是作者留下的创作空间。教师可以巧妙运用这些来引导学生进行想象和补白。

（一）续写

统编教材三年级上册《灰雀》是一篇老课文，讲述了列宁、灰雀和男孩之间的故事。列宁在公园里寻找三只惹人喜爱的灰雀当中的一只时，遇到了将灰雀捉走的小男孩，经过交谈，受到感动的男孩将灰雀放了回来。当课文教学结束时，可以布置学生展开想象写一写：第三天、第四天……以后列宁、小男孩、灰雀之间还会发生什么故事呢？请你将故事续写下去。这既是对文本的延伸，更是爱的延伸，让学生在练笔中充分展示人对动物的关爱、人与人之间的关爱，展示他们自己对文本的感悟、自己心中的爱。在习作中，有的同学写了男孩主动向列宁承认了错误，而且以后的每天也像列宁一样关心灰雀；有的同学写了男孩用自己对灰雀的爱感动了其他小朋友，大家一起关心照顾灰雀；还有的同学写了小男孩说服猎人，制止猎人伤害灰雀的行为。

（二）仿写

统编教材二年级下册《枫树上的喜鹊》课后思考题二：看到下面的情景，你会想到什么？试着写下来。

我看见喜鹊阿姨找了一条虫子回来，站在窝边。喜鹊弟弟一齐叫道：“鹊！鹊！鹊鹊鹊！”

我懂得，他们的意思是："____________________。"

喜鹊阿姨把虫子送到喜鹊弟弟嘴里，叫起来："鹊，鹊，鹊……"

我知道，她是说："____________________________。"

又如，统编教材三年级上册第二单元《秋天的雨》一文中，作者用丰富的想象，把秋天的雨想象成了一盒五彩缤纷的颜料。她把黄色给了银杏树，把红色给了枫树，把金黄色给了田野。那么，秋天的雨还会把颜色分给谁呢？让学生在仿写的过程中展开想象，实践语言文字的运用。

（三）改写

在统编教材四年级下册《宝葫芦的秘密》一文中，奶奶给王葆讲述宝葫芦的来历时，每次也都不一样，或是张三劈面遇到神仙得来的；或是李四远足旅行得到的；还有王五因为肯换衣服得到的。这里就给孩子们留下了展开奇思妙想的空间：宝葫芦还可能是怎么来的？大家都有话想说。此时，可以让学生根据已有内容创编故事，在创编中锻炼想象的能力，体会童话的奇思妙想。

CHAPTER 7

第七章

支架式教学的主要课型

新课标指出，语文课程是一门学习国家通用语言文字运用的综合性、实践性课程。语言文字的运用包括生活、工作和学习中的听说读写活动以及文学活动，包括使用的语文运用和审美的语文运用。

语文课程致力于全体学生核心素养的形成与发展。核心素养是学生通过课程学习逐步形成的正确价值观、必备品格和关键能力，是课程育人价值的集中体现。教学前，教师应以核心素养的形成、发展、落实为教学目标和要求，努力实现教学评一致；教学中，教师要把握课程性质，明确学习任务群的定位和功能，引导学生在真实的语言运用情境中，通过积极的语言实践，培养语文核心素养，避免以单纯识记和掌握知识点作为教学目标。

支架是辅助学习必不可少的工具，教师要提高自主设计支架的能力，关注学生的学习活动，基于学生立场和学生活动的整体来设计支架，引导学生的学习方式向自主、合作、探究转变；注重在实践中学习，鼓励学生在语文学科探究活动中发现支架、建构支架、运用支架，体会语文学习的思想方法；加强语文学科与真实生活之间的联系，注重在真实的情境中借助支架，增强认识世界、解决问题的能力。

在开展支架式教学时，教师须基于课程标准，依据文本特点和真实学情确定学生的学习活动（包括独立自主的个体学习、相互合作的小组学习以及分享互动的全班学习）的主线。在此基础上，综合考虑教材内容和学生情况，设计不同类型的学习任务，依托学习任务整合学习情境、学习内容、学习方法和学习资源，安排连贯的语文实践活动。在主线导向下，把教学过程组织成一个个板块递进式的学习活动模块，推进教学过程。根据学习活动主线的不同，支架式教学主要有言语表达迁移、能力提升发展、策略运用深化、思维认知深化等四种课型。教师要把握不同课型的功能和特点，设计适宜的支架来促进学生的思考、理解和探究，切实提高学生的核心素养。

第一节 指向言语积累与表达的课型

王尚文先生在他的《语言·言语·言语形式——试论语文学科的教学内容》一文中指出："其他课程学的是言语内容，即教材'说了什么'，而语文课除了要学言语内容，还要学言语的形式，即教材是'怎么说'的。"[①]这句话形象地揭示了语文课程的性质。学语文、用语文的过程，不仅是陶冶心灵、享受语言之美的过程，更是丰富语言、运用语言的过程。语文作为一门注重语言文字运用的语用性课程，教师在教学中，应增强语言文字运用的意识，注重读写结合，搭建针对性的表达型支架，引导学生在真实的语言运用情境中，通过积极的语言实践，培养和提高语言运用能力。

一、情境体验，内化语言

学生在真实的语文学习情境中越贴近内心需求，就越能深度体验，越能将新观点、新概念与已有的知识、经验建立关联、整合、建构，从而达成知识的获得、情感的体验、思想的锤炼等语文素养的综合提升。

《青蛙卖泥塘》是统编教材二年级下册的一篇童话课文，课文中的"叫卖""吆喝"等词语对学生而言，可能并不是很熟悉，如何拉近词语与学生之间的距离，让词语化语言符号为学生可见的经历和生活状态呢？教师在上课伊始，可以创设"去市场买菜"这一情境，引导学生体会叫卖、吆喝，通过场景引入，激活学生生活体验。

再如，《司马光》是学生在统编教材三年级接触的第一篇文言文，如何拉近文言文和学生的距离呢？教师可以由司马光的故事导入，请学生来讲一讲司马光的故事。通过讲述，学生仿若走进了故事情境当中，孩子已有的认知经验、学习经验和文言文紧密结合，有效地调动了学生学习这篇文言文的积极性。再比如，在学习如何朗读《司马光》一文时，可以借助情境支架，引导学生进行角色扮演，体验在小伙伴落水后紧急砸缸时的迫切心情，然后比读"光持石击

---

① 王尚文 . 语言 · 言语 · 言语形式——试论语文学科的教学内容 [J]. 浙江师范大学学报（社会科学版），1996（1）: 73-75.

瓮破之”和“光持石，击瓮，破之”，联想当时的情境，感受人物的心理，判断“……光持石击瓮破之，水迸，儿得活”的朗读节奏，更好地体会这一文言短篇的故事内涵。

统编教材四年级上册《爬山虎的脚》细致地描写了爬山虎的生长位置、爬山虎的叶子、爬山虎的脚的形状和特点，以及它是如何一脚一脚往上爬的，表达了作者对爬山虎的喜爱之情。如何引导学生体会文章准确生动的表达，感受作者连续细致的观察呢？教师可以引导学生化身为爬山虎的脚，通过读文圈画，把握爬山虎的特点，再联系生活，来进行一番自我介绍。通过准确、具体地介绍爬山虎的脚，作者观察的方法也就从字里行间流进孩子的心田里了。

当学生积极参与到知识建构的过程中时，他们对语言的理解会更深入、更概括，学习动力和效果也就更强。

二、读写整合，迁移运用

听说读写具有内在的关联性，在教学中，我们应引导学生在语文实践活动中，通过整体感知、联想想象，感受文学语言和形象的独特魅力，获得个性化的审美体验；了解文学作品的基本特点，欣赏和评价语言文字作品，提高审美品位来观察、感受自然与社会，表达自己独特的体验与思考，尝试创作文学作品。正如杨九俊先生在《语文教学艺术论》一书中所说：“拓开广阔的审美天地，创设美好的审美情境，选择恰当的审美方式，去完善学生的心理结构，提高审美能力。”①

教学中，我们首先可以基于经典语段的“相同要素”确定读写整合的联结点。如统编教材六年级上册第四单元为习作单元，要求学生创编故事。我们可以从小说阅读中汲取表达的要素，为学生的表达提供学法支架。

以《桥》和《穷人》为例，首先，通过课文信息梳理，师生可以合作绘制情节图（如图 7–1、图 7–2 所示）：

① 杨九俊．语文教学艺术论 [M]. 上海：华东师范大学出版社，2020.

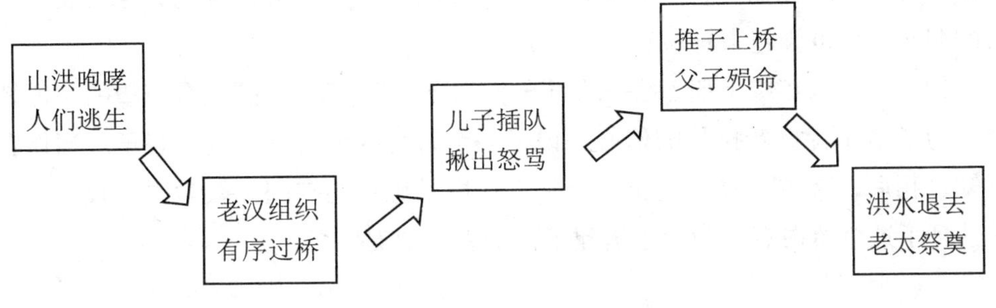

图 7–1 《桥》一波三折式情节

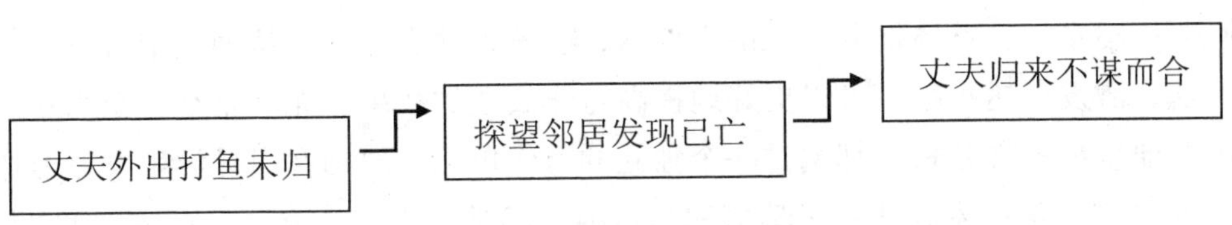

图 7–2 《穷人》层层递进式情节

从两篇例文中，我们可以明显地感受到情节在故事中的重要地位，由此可以顺势引导学生绘制属于自己的故事情节图。可是单有情节并不能称之为一个好的故事，要把故事讲得生动，其中具体的人物刻画、环境描写必不可少。学生可以通过小组合作探究的方式，构思和描绘相应的故事蓝图，完成表 7–1：

表 7–1 故事写作要点汇总

写作要素	开端	发展	高潮	结局
环境				
主要情境				
人物形象				
刻画要点				

“有感而发”是读写结合的最佳契合点。教材许多文本蕴含着深刻的哲理，能带给学生启迪和感悟。教学中，教师要围绕阅读目标，巧妙地把握教材延伸点，搭建适宜的表达型支架，让学生书写感悟，深化对文本的理解。

中国画中常常留有空白，给人的感觉是“不着一字，尽得风流”。教学中，教师要充分利用这些有价值的空间，借助表达型支架，引导学生对文本进行补白，化虚为实，化简为详。长此以往，学生的思维能力可以得到纵深发展，语言的洞察意识也会越来越敏感。

如人教版六年级上册《唯一的听众》，主要写了音乐学院最有声望的一位教授，为了给作者重新拉琴的信心，说了一个善意的谎言——她是聋子。当作者得知真相后，文本却戛然而止，给学生提供了想象的空间。教学中，教师充分关注到了这个留白点，为学生搭建了一个表达型支架。

三、创意实践，激活思维

义务教育阶段语文教材中有许多文质兼美的课文，准确把握教材的编写特点与编写意图，整体把握单元语文要素，有意识地引导学生从阅读中习得写作方法，激发表达兴趣，可以更好地提高习作表达的效果。尤其是在三至六年级的每册统编语文教材中都编排一个独立的习作单元。教师在引导学生学习习作单元之前，要整体设计基于学情和学习内容的学习支架，充分发挥支架的“脚手架”作用，一以贯之地落实、引导学生在读写一体、学练结合的过程中，习得语言运用的方法，提高表达能力。

教材中有很多贴近生活、亲近儿童、文质兼美的课文，无论是人物形象、人物语言，还是人物动作，都能够很好地激发学生二次创作的积极性。通过主动参与故事的创编，对其环境、人物、情节重新加以整合创造，学生不仅加强了对文本内容的理解，也在潜移默化中提高了语言表达的能力。

如在教授统编教材三年级下册《急性子顾客和慢性子裁缝》时，可以借助图表支架，梳理文章的主要内容，帮助学生更简便地复述这个故事（见表 7–2）。

表 7–2 《急性子顾客和慢性子裁缝》图表支架

时间	急性子顾客的要求	慢性子裁缝的表现
第一天		
第二天		
第三天		
又过了一天		

再如，统编教材二年级下册第七单元为故事单元，里面呈现了各种各样有趣的动物故事。童话是低段学生喜闻乐见的文学体裁，尤其是动物童话，有趣、

生动，拟人化的动物形象仿佛可爱的小精灵，格外受孩子们喜爱。课堂上，老师可以创设框架支架，引导学生对故事进行二次创作。以《蜘蛛开店》为例，蜘蛛还会经历什么呢？孩子是天生的讲故事高手，循着课文的结构，孩子们的创意层出不穷。一句句妙语便像串珠一样，从活灵活现的演绎中蹦了出来，激发起满堂的阵阵喝彩。

蜘蛛开店（续）　文 / 陈锦轩

蜘蛛不情愿地给蜈蚣织起了袜子，经过一个月的大战，终于完工了！

晚上，蜘蛛躺在床上，翻来覆去地想：袜子好难呀，还是织披风吧！披风又轻又薄，肯定好织！

第二天，蜘蛛的招牌又换了，上面写着："披风编织店，每位顾客只需三元钱！"

忽然，出现一道霞光，一条神龙从天而降。金色的鳞片折射出闪亮的光芒，他的身体足足有十根柱子那么长。蜘蛛吓得瘫坐在地上，心想：这庞然大物莫非来找我织披风？神龙居高临下地说："小蜘蛛，我过几天要去参加王母娘娘的生日宴，你给我织一件英姿飒爽的披风吧。"蜘蛛愣了一下，哆哆嗦嗦地回答："披……风……好……吧……"

蜘蛛一边织一边抱怨道："我咋这么倒霉，什么事都能摊上！"五天后，神龙来取披风，可蜘蛛才织了一个角，他连忙弯腰道歉："神龙大哥，我实在没这个能力来完成这项任务！"

神龙怒吼道："你在和我开玩笑吗？我可是要去参加超级重要的宴会！"话音刚落，神龙一口气就把店铺给吞了！

于是，蜘蛛可怜巴巴地又回到了网上，过起了吃虫子的日子！

第二节　指向关键能力提升的课型

发展学生的语文技能是阅读教学的重要目标，朗读的方法、表达的技巧、复述的水平、略读的要点、浏览的能力都是学生在阅读学习中要领会和掌握的。

师生应根据教材定位、教材意图，从丰富的教学内容中确定适宜的目标。目标决定课程价值，只有明确了教学目标，课堂才有了方向，支架的设计才有意义。

课堂中，我们要立足学生发展，发挥支架的辅助功能，通过多种途径，为学生技能的培养搭建支架，降低学生学习的难度，帮助学生建构能力，灵活运用，既达成课堂学习的目标，又习得方法。过程中，可以围绕"语文技能的习得"这条主线来展开，组织学生经历以下的学习过程（如图 7–3 所示）：

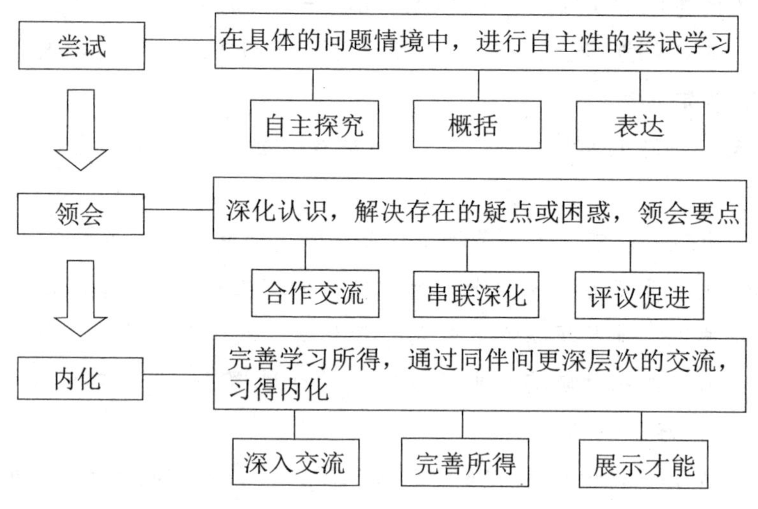

图 7–2　语文技能的习得过程

一、借助语段，迁移学法

即以语文教材中典型的段落或文章为案例，揭示语文学习规律，为学生提供学习的模式和经验，让学生自主归纳出方法，掌握技能，以便于在随后的迁移阅读中举一反三地运用。

如何捷老师在执教《桥》时，为了让学生更好地理解作者塑造人物形象的方式，设计了互文支架，两次引入《穷人》一课的相关片段进行比较，学生在思辨中理解作者塑造人物形象的本意。

（一）聚焦语言，感受人物形象

师：啊，好奇怪，整页整页地写对话，却几乎没有提示语，你还记得《穷人》中桑娜的品格吗？你应该记得吧！也是那样的正直，也是那样的善良。没有提示语，为什么人物的形象也在你的心中立起来了呢？

生：因为语言也能体现人物的特点。

师：是提示语重要还是语言本身重要呢？

通过思辨，孩子们明白，没有提示语也可以，关键看你写的是什么人，用的是什么语言。文中短短四处语言描写，就让读者感受到了一位老支书的镇定自若、大义凛然、公正无私、舐犊情深，感受到了人物美好的人性、伟大的人格。

（二）聚焦环境，感受人物形象

为了进一步帮助孩子们理解人物形象，何老师将《桥》的环境描写与《穷人》中桑娜家里的环境描写进行对比，感受到《穷人》的环境描写是舒缓、绵长的，而《桥》的环境描写是简短、急促的，进一步帮助孩子们理解环境描写对刻画人物的作用。

借助两篇风格不同、人物形象迥异的小说的互文对比，学生进一步理解了小说塑造人物形象的方式方法，开阔了阅读视野，加深了对《桥》这一课中人物描写和环境描写作用的体会。

二、借助范例，启迪思维

在学习的过程中，由于知识、能力的差异，许多学生会遇到困难。此时，教师如能为学生提供一些典型的成果，便可启发他们的思维，从而更好地进行后续的自主学习。

用简洁的语言概括文章的主要内容是第三学段重点提升的能力。如教授统编教材五年级下册《梅花魂》一文时，教师首先为学生提供了一个策略型支架——请学生用小标题的形式概括文中的五件事。但是在巡视中，教师发现许多学生概括的小标题语言不够简洁，于是，随即对第一件事的概括进行了指导，为学生提供了一个范例式支架，引导学生仿照范例概括小标题（见表 7–3）。

表 7–3 《梅花魂》小标题概况

事件	外祖父表现	“我”的体验
教我读诗	落泪，长长叹气	还小，不懂
发脾气，训斥母亲	发脾气，训斥母亲	又害怕，又奇怪
谈论回祖国	呜呜地哭起来	想不到
赠送墨梅图	说了一大段话	眷恋祖国
赠送血梅手绢	眼含泪水	眷恋祖国

同时，教师不应止步于此，可以继续引导学生照样子找一找每件事例中外祖父的表现和“我”的体验，感受外祖父丰富的情感，再通过联系上下文和自己的生活体验，理解外祖父产生这些情感的原因，从而真正体会《梅花魂》中蕴含的精神。

三、借助任务，提升能力

以“如何学习演讲”为例，传统的语文课堂，有的强调以语文知识为模块的教学，通常把演讲稿范文作为议论文来阅读，学生的主要目标是学习演讲中的论点、论据、论证，通常经历“读懂课文主题”“理解主要观点”“分析课文表达特点”“梳理演讲词撰写规则”等过程，整个教学关注的是知识概念的认识，是静态的概念性知识的学习。

还有的则按照听说读写的能力体系来教学。首先，请学生阅读演讲稿，感受和体会演讲稿的撰写模式；然后，请学生尝试完成演讲稿的写作；最后，请个别学生演讲展示。读、写、说三者相对独立，各自完成对应的教学任务。

而基于真实情境的语文学习，则可以把学习活动的主题定为“学习演讲”。首先，提出任务，确立本次学习活动的任务目标，如“精选干部”；接着，组织学生分组讨论和思考怎样进行演讲活动；在任务驱动下，学生自主学习、分组探究，阅读演讲稿范文并梳理归纳，熟悉书写规则和表达技巧；然后，学生在归纳基础上，进行演讲稿的写作，同时准备试讲；最后，学生进行现场演讲，师生根据学生表现进行演讲反馈和评价。整个活动借助任务支架，强调学生在完成任务的实践中学习，在运用中逐步领会知识，将静态的知识转化为动态实践，密切了语文学习与生活的联系，更好地提升了学生的语文能力。

第三节 指向策略运用深化的课型

阅读策略是读者在阅读过程中理解文本、建构意义，以及监控理解过程的自觉、即时、灵活的一系列阅读方法与技能。阅读策略的渗透与指导，是培养学生独立阅读能力的关键之一。

统编语文教材中涉及的阅读策略主要包括预测、提问、提高阅读速度、有目的地阅读等四种。这四种阅读策略又包含了各种阅读方法，如“有目的地读”既包括具体分析阅读目标的能力，又包括选择取舍阅读材料、浏览、细读、抓关键词、提取关键信息、调整阅读速度等具体的阅读方法。

教学中，教师首先要明确单元语文要素，将其转化为可检可测的目标；然后围绕教学目标，对目标进行规划，综合利用各种形式和策略，实现有目标、有结构、有关联的教学。过程中，教师应调动学生的学习经验，选择和运用适宜学情的策略型支架，还原阅读策略运用的思维活动过程，注重培养学生自觉运用阅读策略的自我认知能力。

以统编教材四年级下册第七单元为例，本单元的语文要素是从人物的语言、动作等描写中感受人物的品质。教学时，可以设计问题链支架，引导学生从教学目标——分析主人公是个怎样的人出发，思考课文写了什么事，人物在事件中的表现、心理活动又是怎样，最后总结人物品质，以此落实语文要素。

以“阅读策略的学习”为主线来推进阅读教学过程，需要展开如下的学习活动（如图 7-4 所示）：

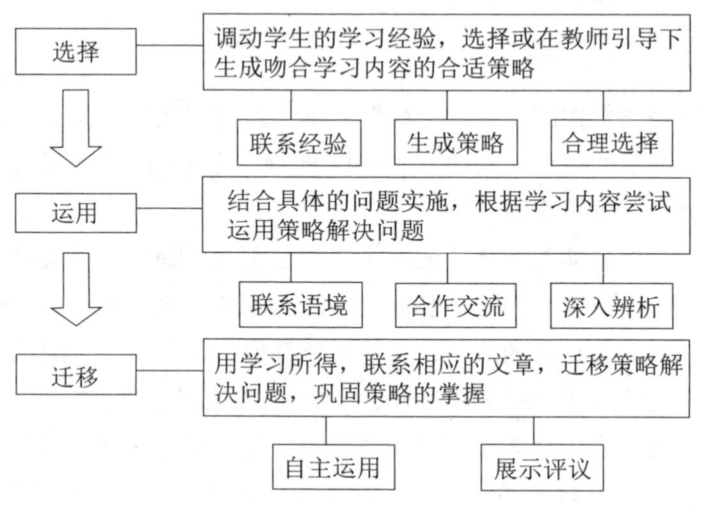

图 7–4　阅读策略的习得过程

一、把握内容，整理信息

在教学中尤其要重视培养学生整体把握的能力，是语文教育的特点之一。阅读教学中，教师要特别关注不同文本在把握主要内容上的特点，为学生搭建适宜的策略型支架，提升整体把握的能力。

如统编教材三年级下册《海底世界》是一篇说明文，通过生动有趣的语言介绍了海底奇异的景色和丰富的物产，能很好地激发学生热爱自然、探索自然奥秘的兴趣，并使学生在感受美、欣赏美的过程中受到美的熏陶。教学时，我们可以通过联系生活、朗读体验等方式理解"窃窃私语"等词语的意思，理解其表达效果；也可以灵活运用找段落中关键句的方法，读懂课文是从海底很宁静、动物的声音和活动方式、植物差异大、丰富的能源这几个方面介绍海底世界的；还可以通过句子的比较与梳理，明确第三自然段是按照先总后分的顺序，从不同方面把"海底有声音"这一意思写清楚的。

在学习的过程中，学生也可以根据课后练习，利用导图支架，有序梳理课文内容（如图 7–5 所示）。

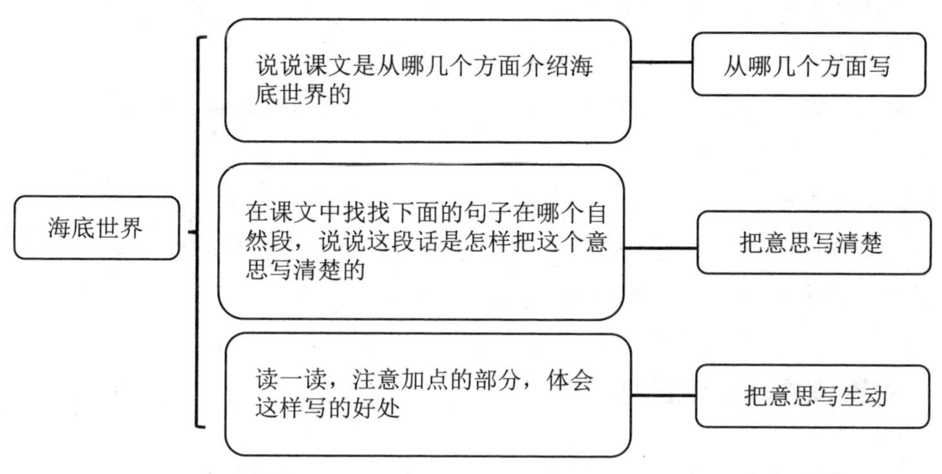

图 7-5 《海底世界》导图支架

二、体会词句，得体表达

理解含义深刻的词句有许多策略，如联系上下文、结合具体事例、联系生活实际等，进入第三学段，学生还要能联系自己的积累推想词句的意思，体会其表达效果。因此，教师要根据学生在这个学习内容上的“最近发展区”，为学生搭建策略型支架，帮助学生在理解词句的同时掌握阅读策略，获得举一反三的能力。

如统编教材六年级上册《我的伯父鲁迅先生》一课中有许多含义深刻的句子，为了帮助学生理解这些句子，教师引领学生经历了以下学习过程：

●选择合适的策略理解含义深刻的句子。

①聚焦含义深刻的句子：“你想，四周黑洞洞的，还不容易碰壁吗？”

②回顾已知策略：同学们，理解含义深刻的句子，我们有哪些方法？

联系上下文、联系生活实际、结合自己搜集的资料等。

③联系课文思考，理解这个含义深刻的句子可以选择哪些策略？

●结合自己的资料理解含义深刻的句子。

①学生读句质疑：四周为什么“黑洞洞的”？鼻子真的“碰壁”了吗？

②请结合自己搜集的资料想一想，“黑洞洞”“碰壁”分别指什么？

③根据学习的方法，说说含义深刻句子的意思。

●迁移文中其他含义深刻的句子，结合自己搜集的资料尝试理解。

以上教学中，教师先调动学生原有认知，然后适时为学生提供了策略型支架——结合自己的资料想一想重点词的意思，最后还将这种阅读策略进行了迁移，提升了学生理解和运用词句的能力。

三、积累表达，规范迁移

第三学段的许多课文在表达顺序、表达方法上都颇具特色，各类文体的特点也较为明显。教学中，教师要善于通过比较、归类等策略型支架，帮助学生积累典型的表达形式，深化对各类文体的认识。

如统编教材六年级下册第一次出现了议论文这种文体，前后共安排了两篇。对于刚接触议论文的学生来说，初步了解这种文体和这种文体的学习方法是首要的目标。因此，在教授第二篇议论文《真理诞生于一百个问号之后》时，教师为学生搭建了两个策略型的支架。第一张表格旨在使学生明确课文的论点和论据，并厘清三个事例在写法上的共同之处；第二张表格旨在通过两篇议论文的比较，使学生对这一文体有更深的认识，从而初步学习议论文的方法（见表 7–4、表 7–5）。

1. 根据对课文的理解，完成表格，并说说所举的三个事例在写法上有怎样的共同点。

表 7–4 《真理诞生于一百个问号之后》学习单

论点			
论据		共同点	

2. 与《为人民服务》比较，交流这两篇议论文的不同之处。

表 7-5 《真理诞生于一百个问号之后》与《为人民服务》之异同

课文	相同点	不同点
《真理诞生于一百个问号之后》		
《为人民服务》		

第四节　指向促进思维认知深化的课型

学习是一个思维过程，它必须伴随着大脑的运转、思维的活跃。新课标指出，思维能力是指学生在语文学习过程中的联想想象、分析比较、归纳判断等认知表现，主要包括直觉思维、形象思维、逻辑思维、辩证思维和创造思维。思维具有一定的敏捷性、灵活性、深刻性、独创性、批判性，有好奇心、求知欲、崇尚真知、勇于探索创新，养成积极思考的习惯。

模式化的阅读教学方式中也有思维能力的培养，但是以复述、重复等能力为主，仅仅涉及布鲁姆的认知分类目标中的低阶思维能力的培养，很少涉及分析、综合、创造等高阶思维能力的培养。

一、链接资料，丰富认知

学生的生活经验和知识储备有限，课文中所涉及的有些内容可能是学生根本没有见过或听过的，这会给课文的学习、阅读能力的培养带来阻碍。为学生提供有价值的文字、影像资料，为学生搭建各类学习支架，可以在辅助目标达成的同时丰富学生的认知和阅读量，在有限的语文课堂中弥合“课内”与“课外”的鸿沟。

新课标指出：“教师要关注互联网时代日常生活中语言文字运用的新现象和新特点，认识信息技术对学生阅读和表达交流等带来的深刻影响，把握信息技术与语文教学深度融合的趋势，充分发挥信息技术在语文教学变革中的价值和功能。”①

积极利用网络资源平台拓展学习空间，丰富学习资源，整合多种媒介的学习内容，提供多层面、多角度的阅读、表达和交流的机会，促进师生在语文学习中的多元互动。

统编教材六年级上册第二单元是革命历史单元。在这一单元中，无论是《狼牙山五壮士》还是《开国大典》，这些历史场景与今天的学生的认知都有一定的距离。如何跨越鸿沟、缩短距离？教学时，教师借助多媒体设备，播放革命历史题材的短片，带领学生们穿越时空隧道，重回历史的光辉岁月，感受革命的艰苦征程。学生们在情境中体会战争的壮烈，真正感受到正是因为有了狼牙山五壮士这样的震撼牺牲，才有了今日祖国的繁荣昌盛。

每一篇作品的诞生都离不开当时的情和景，大的如社会时代背景，小的如作者、人物生活的处境。学习鲁迅的《好的故事》必须联系《野草》创作的时代背景，学古诗《竹石》《江雪》必须链接郑板桥、柳宗元当时的处境，只有这样才能拉近学生与文本的距离，更好地理解课文表达的情感。

《穷人》是俄国著名作家列夫·托尔斯泰的一篇短篇小说，描写了生活极其困窘的桑娜夫妇收留邻居西蒙家留下的两个孤儿的故事。经典如何诞生？它的背后有怎样一段故事？为了帮助学生更好地走进文本，教师不妨先为学生提供一个背景支架——《穷人》从哪儿来？

法国大文豪维克多·雨果写了一首叙事诗《可怜的人们》，其中的穷人群像打动了托尔斯泰，令他联想到了沙俄成千上万的困苦却善良的“穷人”，于是，他将这首诗改写成了小说，后又经我国著名翻译家草婴先生翻译，最终选入我们的语文课本。②

教学时，教师不妨先请学生读一读雨果《可怜的人们》，感受其中的情感，再对比小说文本，感受其中心理、对话及环境等描写对于情节发展的推动作用，并通过迁移写作、补白文本的素材等方式，引导学生更好地聚焦“语用”，体会小说的特点。

---

① 中华人民共和国教育部．义务教育语文课程标准（2022 年版）[S]. 北京：北京师范大学出版社，2022.

② 张祖庆．从课堂到课程：教师专业成长 12 讲 [M]. 北京：中国人民大学出版社，2022.

二、显化轨迹，形成逻辑

在教学中，教师可以通过显化思维的过程，一步一步引导学生思考，促进高阶认知的创生。我们可以通过记笔记的方式，提取关键信息；通过列大纲、画鱼骨图等方式，组织信息结构；通过写脚本的方法，梳理信息的流程和步骤；通过绘制思维导图，建立内在联系与逻辑关系。

如在教授统编教材三年级下册《急性子顾客和慢性子裁缝》时，可以借助图表支架，梳理文章的主要内容，帮助学生更简便地复述这个故事（见表 7–6）。

表 7–6 《急性子顾客和慢性子裁缝》图表支架

时间	急性子顾客的要求	慢性子裁缝的表现
第一天		
第二天		
第三天		
又过了一天		

又如，在教授统编教材四年级下册《记金华的双龙洞》时，我们同样可以引导学生借助图表支架，梳理作者游览双龙洞的顺序，绘制成一条完整的路线图（如图 7–6 所示）。

图 7–6 《记金华的双龙洞》图表支架

将作者的游览顺序显性化，也就是将作者如何按照游览的顺序写景物的过程显性化。学生通过绘制路线图，可以更好地体会作者移步换景的写作方法；如果结合由外洞进入内洞部分的游览经历，体会作者是怎样把孔隙的狭小和自己的感受写清楚的，学生就更能体会写景物时表达的妙处了。

三、言语比较，拓展思维

在核心阅读目标的引领下，将题材、意境、作者、写法或体裁方面有一定联系的课内外学习资料进行比较阅读，以这样的链接型支架变单篇课文的学习为同类表达方法、同类题材意境的领悟和迁移，在品味语言的同时，帮助学生走出狭小的“教科书”阅读圈，徜徉于文学艺术的殿堂。

统编教材四年级下册《猫》一文细致、生动地描述了猫的古怪性格和它满月时的淘气可爱，字里行间流露出作者对猫的喜爱之情。教学时，教师可以请学生将它和老舍的另一篇描写动物的文章《母鸡》进行对比，体会两篇文章在表达上的异同。

通过比较，学生可以发现：在结构方面，两篇文章的条理都十分清晰；在语言表达方面，都运用了口语化的语言勾勒生活中最常见的画面，通过对细节和小事的描写，突出动物的形象。不同的是：写作手法方面，《猫》运用明贬实褒的方法，写出了对猫的喜爱，而《母鸡》则通过字里行间的态度的变化表现了对母鸡的赞美和敬佩；在情感表达方面，两者都表达了对动物的喜爱和赞美，《猫》中，作者通篇在写猫的可爱，视之为孩童，而《母鸡》则写了由“讨厌”到“不敢讨厌”的情感变化，前后强烈的对比，更加深了对母鸡的赞美。学生通过言语比较，自主发现表达的特点，更加强了对文章表情达意的理解和体会。

又如统编教材五年级下册《金钱的魔力》一文，作者主要采用前后内容对比的方法，通过描写人物动作、语言、神态等变化淋漓尽致地刻画了老板和托德以钱取人、金钱至上的丑态。为了帮助学生更好地领悟这一典型的表达方式，教学时，教师在学生品味语言、体会作者运用对比和夸张的手法表现人物个性的方法的基础上，适时为学生提供了一个链接型支架——一篇有着类似表达特点的阅读材料，让学生尝试抓住对比、夸张的手法体会人物的个性。借助这样的链接型支架，学生得法于课内，受益于课外，“内”“外”相得益彰，加深了学生对典型表达方式的领悟。

CHAPTER 8

第八章

支架式教学的基本步骤

第一节　细化目标，建立概念框架

围绕一个核心的阅读目标，在学生的“最近发展区”建立概念框架是支架式教学的第一步。所谓概念框架，其实就是根据学生语文学习的规律、认知的规律，努力把一个大目标细化成一个个有结构、有层次的小目标。学生通过一个个小目标的达成，逐步跨越“最近发展区”，从“现有发展水平”提升到“潜在发展水平”，并完成深度学习。对于如何搭建合适的“脚手架”，我们认为要做到以下几点。

一、了解学情，把握“最近发展区”

支架式教学需要教师对学生的年龄特点、学习态度、学习能力、认知风格以及已有知识经验、生活经验进行分析，找准学生的“最近发展区”，使搭建的支架位于学生的“最近发展区”内。了解了“现有认知水平”，再确定“潜在认知水平”。在分析时，教师可以采取经验法和搭建表达型支架的方法。

经验法是我们大多数教师在教学日常中会使用的方法，教师依据自身作为教学者的经验对学生的学习起点加以分析，判断学生的已有基础和困难点。例如在教授统编教材三年级下册《海洋世界》时，单元语文要素是：弄清楚课文是从几个方面把事物写清楚的。依照教师教学经验分析可知，在此之前，学生已经学习过怎样寻找文段中的关键句，知道怎样利用关键句概括段落大意，这是学生的“现有认知水平”。因此，在教学过程中，教师可以先引导学生回忆怎样通过关键语句概括一段话的大意，借助关键句这一支架，再逐步过渡到概括整篇文章的主要内容，进一步培养学生思维能力，这是学生的“潜在认知水平”。

在经验法不足以掌握学生的“最近发展区”的情况下，教师也可以通过搭建表达型支架的方式分析把握学生的“最近发展区”。例如，教师可以在课堂中抽出几分钟检测学生之前的学习成果，参考学生的回答情况来掌握学生在本节阅读课中可能达到的水平。

以下是统编教材四年级上册《普罗米修斯》的课堂实录：

师：通过上节课的学习，我想这些词肯定难不倒大家，谁来读给大家听一下？（教师将上节课学习的字词在屏幕上投影）

生积极回答，且读音正确。

师：词语难不倒大家，接下来谁能借助这些关键词来说一说这篇课文的主要内容？

生：（自由准备之后回答）本文记叙了普罗米修斯为了解除人类没有火种的悲惨情景，冒着生命危险到天上盗取火种，并与众神领袖宙斯斗争，忍受各种痛苦，始终不屈服，最终获得了自由的故事。

师：非常好，非常好。从中我们可以看出普罗米修斯的英勇无畏和牺牲精神。可见，我们只要能找到课文中的关键词，按照起因、经过、结果的顺序把它们串联起来，就是这篇课文的主要内容。

从以上的课堂实录可以看出，学生既然能够正确读出重点字词，教师搭建一个合适的表达型支架，学生成功利用这些字词复述课文内容，说明学生已经理解词语并熟悉了课文内容，这是学生的“现有认知水平”。通过支架的搭建，对于本堂课要达到的“最近发展区”，教师已经有了初步的把握。教师只有把握了学情，才能制定出合适的教学内容，从而帮助学生找到学习的乐趣，形成自主建构意识。

二、细化目标，触摸教学重难点

教师在了解了学生的学情之后，要结合课程标准，找到开展支架式教学的落脚点，也就是教学的目标，然后根据教学目标设计支架，完成教学重难点。教学重难点的设置基本上是不变的，但是教师教学方式的变化，产生的教学效果确实大相径庭。

在小学语文教学中，教学的落脚点在于提升学生的语言能力。新课标中，将核心素养表述为文化自信、语言运用、思维能力和审美创造，其中语言运用是基础，也是核心。因此，教师在搭建支架时，要着重实现这一核心素养，提升学生的语言能力，不断鼓励学生在课上和课后加强对于语言的有效运用，提升语文核心素养。

如“典型语言形式的迁移运用”是第三学段一个核心的阅读目标，在教学一些表达上十分有特色的文本时，教师可将目标进行细化（如图 8-1 所示）：

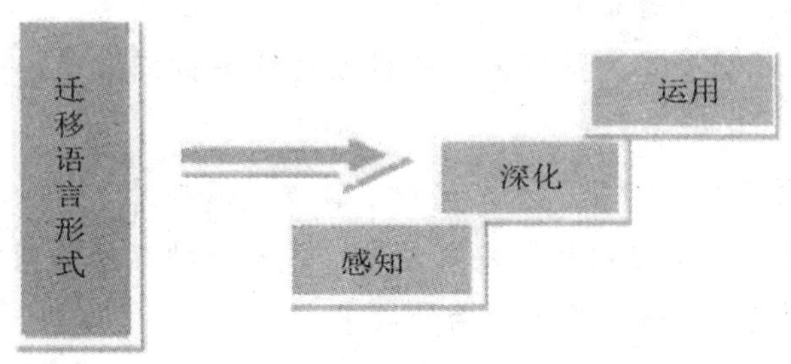

图 8-1　典型语言形式的迁移运用

在细化了目标之后，借助策略型支架引导学生对语言形式进行充分的研磨，感知语言形式的特点；借助范例式支架和链接型支架，让学生自主探索，进一步深化对语言形式的认识和理解；借助表达型支架运用学习的语言形式进行口头或书面表达，把学到的语言范式转化为积极的语言形式，最终达成“言意兼得”。

例如，在教授统编教材五年级上册课文《四季之美》时，本单元的语文要素是“初步体会课文中的静态描写和动态描写”，并在本单元的习作中完成迁移——学习描写景物的变化。教师首先对学情进行分析，本单元学生已经学习了《古诗三首》，初步在古诗中体会了静态描写和动态描写，但是还未在散文中感受静态美和动态美。对五年级的学生来说，体会散文中的静态描写和动态描写有些难度，更别提在习作当中运用了。在教授《四季之美》的过程中，教师将目标细化，并在过程中为学生搭建不同的支架，帮助学生提升语言能力。先通过策略型支架和链接型支架，让学生圈画关键词、对比句子、观看多媒体视频，充分感知静态描写和动态描写；再通过多种形式的朗读，搭建范例式支架，深化学生对于静态美和动态美的体会；最后搭建表达型支架，利用语文《课堂作业本》和书本课后习题，迁移运用到小短文的写作当中，让学生仿照课文的写法，写一写自己印象最深的某个景致。通过细化教学目标，我们最终扎实地确定了教学重难点，完成了语言形式的迁移运用。

（一）感知动静描写

在课堂教学中，首先搭建策略型支架，让学生圈画课文中的景物和动词，感知静态美和动态美。以下是教学实录：

品读春之美

师：请同学们自由朗读第一自然段，圈一圈春天的景物。

生自由朗读，圈画景物。（师板书：春天黎明）

生汇报找到的景物：天空、红晕、彩云。

师：请大家再次默读课文，找一找作者在描写这些景物的时候有什么特点。

生：用上了动词。

师：没错，每个景物都用上了动词，请你把这些动词圈出来。

生圈动词并汇报：泛着、染上、飘着。

此时，教师为学生搭建一个学习支架，引导学生比较用上动词和不用动词的区别，体会动态描写的好处。

屏幕出示两个句子：

东方一点儿一点儿泛着鱼肚色的天空，染上微微的红晕，飘着红紫红紫的彩云。

东方微的红晕，有红紫红紫的彩云。

师：同学们，我们再来读一读这两句话，你觉得把“一点儿一点儿泛着”“染上”“飘着”换成“有……”“有……”“有……”可不可以？

学生畅所欲言。

教师总结：是呀，同学们，用上动词，就有了动感变化，有了动态之美。这就是春天黎明中颜色的动态之美。这是一种什么之美？（板书：颜色）

在教学过程中，通过圈画动词，搭建比较句子的策略型学习支架，让学生初步感知动态描写的好处。我们还可以通过链接型支架，让学生初步感知环境静态之美衬托景物的动态之美的写法。例如，在教学感受秋天之美的句子“夕阳斜照西山时，动人的是点点归鸦急急匆匆地朝窠里飞去”时的课堂实录：

师借助多媒体播放画面：夕阳西下，鸟儿归巢。引导学生思考，作者写归鸦前，为什么先写夕阳？

师：正是因为先描绘了宁静的夕阳，再写动态的归鸦。在宁静的画面衬托下，归鸦和大雁显得格外美丽，充满了动态美。这样动静结合的写法，课文当中还有很多，你能找一找吗？

（二）深化动静之美

在学生充分感知了静态描写和动态描写之后，教师再通过多种形式的朗读，深化学生对于动态美和静态美的体会。例如，"夏天之美"的教学实录：

①带着想象朗读

师：明亮的月夜、漆黑漆黑的暗夜、蒙蒙细雨的夜晚，请同学们带着想象，读一读这三种"夜"，感受作者把画面带到我们心里的写法。

生想象画面，自由朗读。

②感受动态美

师：在雨夜这样静谧的环境背景下，那些闪着微光在飞行的萤火虫的光亮的动态之美更加迷人了。这是一种什么之美？（板书：光亮）

③带着体会再读美，用心感受夏天夜晚的美

师：你们有谁能像清少纳言这么如痴如醉地喜欢着漆黑漆黑、蒙蒙细雨的夏夜呢？让我们带着对夏夜的喜爱，读出夏夜的美。

师范读，学生齐读。

（三）运用动静写法

在感知、深化课文的动态描写和静态描写，并且体会了这种写法的特点和好处之后，需要教师为学生搭建表达型支架，运用迁移这种写法。

师：同学们，清少纳言对于景物有着独特的描写方法，我们这节课通过圈画关键词、多种形式的朗读体会了使用动态描写和静态描写的好处。你们的生活中一定也有难忘的景致吧！我们一起看一下语文书课后和《课堂作业本》的最后一题，请你也仿照着本文，运用静态描写与动态描写相结合的方法，写出你印象最深的某个景致吧！

生自行写小短文，师巡视指导。

生写完之后朗读汇报，教师和学生进行评价、修改。

在细化教学目标、搭建各种支架的帮助下，学生更容易理解文本内容，更容易提升语言运用能力，充分体现学生的主体地位，也增强了课程实施的情境性和实践性，促进学习方式变革，让学习在课堂上发生。学生在支架的帮助下，逐步跨越“最近发展区”，从“现有发展水平”提升到“潜在发展水平”。

第二节 创设情境，激发阅读兴趣

建构主义认为，学习总是与一定的社会文化背景即“情境”相联系的，在实际情境下进行学习，可以唤醒学生原有的认知经验，进而与新知识进行同化，以加深对新知识的理解。[①] 因而，情境的创设是“支架式”文学阅读教学由理论走向实践的标志，也是激发学生学习兴趣的关键点，具有承上启下的作用。[②] 新课标指出，要增强课程实施的情境性和实践性，促进学习方式的变革。学生的学习离不开具体的情境支持，只有在具体的情境中，学生才能最大程度地对知识、能力进行顺应和同化，从而进行意义建构。

良好的教学情境，能够激发学生对本节课所学内容的兴趣，把学生的思绪从课下活泼的状态转到课堂中积极主动、热情高涨的状态。在阅读教学的过程中，教师应从学生已有的知识水平、生活经验出发，建构能促使学生产生新知识、激发学生兴趣和积极性的教学情境。创设情境有多种方式，将这些方式大体分为“记忆回溯”“链接生活”“气氛渲染”三类，在情景搭建的过程中，还需要配合教师的不断追问，抛出一个个问题，搭建合适的支架，以达到有效教学的目的，帮助学生跨越“最近发展区”。

---

① 西安小学课题组．小学语文“四结合”支架式古诗教学模式初探 [J]. 电化教育研究，1988(3): 12.

② 吕钦．小学语文“支架式”文学阅读教学研究 [D]. 苏州：苏州大学，2019.

一、记忆回溯，搭建链接支架

统编版教材的课程内容不是每篇独立存在的，而是前后相关联的。语文要素层层递进，螺旋式出现在前后的课文当中，这是人教版课本编排的特点之一。所以，即便课文内容不同，依然可以成为彼此的支架。通过记忆回溯的方式，为学生搭建链接旧知的学习支架，通过不断提问，创设学生容易接受的教学情境。

例如，“围绕几个方面把文章写清楚”是统编教材三年级下册的一个核心阅读目标，围绕这一目标，教科书在编排很多单元时，都安排了相关的语文要素，见表 8-1：

表 8-1　各单元语文要素汇总

单元章节	语文要素
第三单元	了解课文是怎么围绕一个意思把一段话写清楚的
第四单元	借助关键语句概括一段话的大意
第七单元	了解课文是从哪几个方面把事物写清楚的

可见，语文要素在编排时是前后关联、层层递进的。所以，前面学习过的课文可以作为学生的链接型支架，帮助学生进入教师既定的情境之中。例如，在教授《花钟》这一课时，怎样引导学生借助关键语句概括第一自然段的大意？教师可以链接之前第三单元学习过的《赵州桥》。

师：上个单元，我们学习了围绕一个意思把一段话写清楚，其中大家印象最深的一篇课文是什么？

生：《赵州桥》。

师：《赵州桥》的每个自然段，都是围绕哪一句话来写的？

生：第一句总起句。

师：但是我们今天学习的这一篇《花钟》有所不同。（屏幕出示第一自然段的第一句话和第二句话）

师：你认为，第一自然段是围绕哪一句话来写的，跟《赵州桥》一样还是第一句吗？

学生读后发现是围绕第二句话来写的。

师：是呀！同样都是围绕一句话把一段话写清楚，《花钟》的关键句不是第一句，而是第二句。这节课，我们就来学习借助关键语句来概括一段话的大意。

在这一节阅读课中，教师利用问题式支架帮助学生回溯记忆，使《赵州桥》与《花钟》产生关联。这时，学生在《赵州桥》一课中习得的知识便成为《花钟》这节阅读课的支架之一。记忆回溯使学生面对新知识不陌生，支架式教学帮助学生沿着搭建好的梯子向上走。

二、链接生活，自主攀爬支架

教师在创设情境时，要贴近学生，拉近与学生的距离，创设的情境最好来自学生生活，从生活实际出发，让学习在课堂上发生，避免学生的陌生感。此时可以搭建几个链接型支架，借助微课自然地引领到达概念框架中的某个点。

例如，在学习统编教材三年级下册《蜜蜂》一文时，学生对于科普性小短文比较陌生，为了帮助学生更好地厘清文章的表达顺序，教师制作了一个介绍“实验”的微视频。视频中，教师链接了学生非常熟悉的一个科学实验——鸡蛋漂浮实验。微视频里可先说明实验目的：验证物体是否可以漂浮在盐水上；引导学生发现：往往会因为一个实验目的而展开一个实验；最终会得出一个实验结论：鸡蛋确实可以漂浮在盐水上，因为盐水的密度大于水的密度。

借助这个链接型支架，教师很自然地将学生引入一个问题情境：文中的实验目的是什么？结论又是什么？请大家打开课本，找一找文中这个实验的实验目的和结论，把相关语句圈画出来。随后，学生便开始了对文本的整体感知。

再比如，教授一些写景的课文时，教师也可以链接一些学生的旅游经历，从学生的现实生活出发，拉近与学生的距离，对学生审美能力的培养、正确的审美意识的形成也有益处。例如，在教授统编教材三年级下册《美丽的小兴安岭》一文时，可以这样创设情境：

师：同学们，你们曾经到哪些地方旅游过呢？（生畅所欲言，师总结）有巍峨壮丽的黄山，有景色秀美的杭州西湖，有历史悠久的北京……在我国的北方，有这样一个山脉，叫“小兴安岭”，那里景色优美。今天，老师来给你们当当导游，请同学们跟着老师的步伐，一起去小兴安岭旅游吧！

师：小兴安岭一年四季的景色各不相同，你会选择充满生命力的春天、枝繁叶茂的夏天、丰收的秋天还是白雪皑皑的冬天去小兴安岭呢？请你打开书本，好好读读吧！

教师从学生的旅游经历出发，搭建语言支架，创设情境。通过假想旅行的方式拉近与学生的距离，学生听完老师的话之后，一定迫不及待地想要看看文章中所写的小兴安岭一年四季的景色，选一选自己究竟要在哪个季节去小兴安岭，从而产生了浓厚的学习兴趣。

三、渲染气氛，沉浸式进入情境

小学生上课注意力难以长时间集中，因此，在课堂上设置一些有意思的教学环节，从感官上刺激学生的注意力，有利于提高学生听课效率。

想要让学生快速进入情境，简单地使用某一种支架难以产生效果。教师首先可以利用多媒体、音频、故事、背景资料等搭建链接型支架，使学生快速进入情境当中，高效掌握课堂内容。其次，可以通过教师的言语渲染气氛，搭建表达型支架，令学生全身心沉浸在情境当中。融合多种支架创设情境，能够激发学生的阅读兴趣，锻炼语言表达能力，提升课堂效率。

例如统编教材四年级下册《猫》一文，学生对可爱的小猫往往充满了兴趣，教师可以在网上找一些可爱的小猫的视频，吸引学生的注意力，使学生进入情境中。接着抛出问题："本课的作者老舍也和你们一样非常喜欢猫，他还为猫写了一篇有趣的散文。关于老舍，你们了解多少呢？"个别学生课前查找了资料，能畅所欲言，但是大多数孩子对于老舍比较陌生，这就找到了学生的"最近发展区"。教师适时进行指导，搭建"脚手架"："没关系，老师找到了很多老舍的资料，我们一起读一读，认识一下这位大作家吧！"对于低年级的学生来说，情境的创设和气氛的渲染显得更为重要。例如，在教授统编教材二年级上册《雾在哪里》时，二年级学生对于气象知识知之甚少。因此，可以在课上搭建链接型支架和表达型支架，如设置情境小游戏，利用 PPT 展示不同天气的图片，让学生想象某种气象下适合的活动。在出示了晴天和雨天的图片、学生自由发言之后，再出示雾天的图片并抛出问题："在雾天时，我们可以做些什么？"顺势引出文章："让我们一起看看课文中这个淘气的雾孩子，是怎么把大海和城市藏起来的。”

教学情境的创设，配合教师的问题引导，能够帮助学生沉浸于支架式学习模式中，引发学习兴趣，深入理解课文内容，发展思维能力，为后面的自主学习打下基础。

第三节　搭建支架，推进独立探索

进入该环节，学生的注意力逐渐集中，开始积极调动认知能力，期待去发现课文中的问题并解决这些问题。此时，教师应当进一步为学生搭建支架，帮助学生建立新的认知结构，让他们思考并解决有价值的问题。随后，教师应当淡化自己的存在感，撤掉支架，让学生主动提出阅读中的新问题并解决它。但是在这一过程中，教师始终要起到组织者和引导者的作用，随时观察学生的动向，在需要时给予学生帮助。以此为基础一步步走向支架式文学阅读教学的最终目的，即便学生脱离教师的指导，也能独立运用所得知识、能力去解决问题，也就是独立探索后期。独立探索后期阶段是在历经了支架式文学阅读教学的全部过程后才产生的，是该教学方法的最终指向。

一、准搭支架，引领初期探索

在学生进行初步探索之前，教师应该为学生搭建精准且行之有效的支架，确立正确的方向，帮助学生后期进行自主探索。例如统编教材四年级下册《小英雄雨来》一课，这一单元的语文要素是学习把握长文章的主要内容。对于四年级的学生来说，这篇文章篇幅非常长，是学生第一次接触篇幅如此之长的课文。课文一共分成六个部分，将这六个部分的主要内容串联起来，其实就是文章的主要内容。

在教学过程中，教师可以先使用链接型支架，引导学生回忆四年级上册学习的语文要素：关注主要人物和事件，把握文章的主要内容。接着引入一个策略型支架，借助课后习题，用上主要人物加事件的方式，给课文每个部分列出小标题，这对于学生来说略有难度。因此，在第一步中，教师先要为学生搭建如何列小标题的范例式支架。在教学过程中，教师是这样做的：

师：同学们，请你们快速地翻阅这篇课文，看一看这篇文章和我们以前学习过的文章有什么不同？

生 1：这篇课文的篇幅特别长。

生 2：这篇课文一共分成了六个部分，而且这六个部分情节是前后关联的，组成了小英雄雨来的故事。

师：是呀，你们都很会观察。那么这么长的文章，我们怎么才能概括它的主要内容呢？这就是我们今天课上要学习的新本领。

师：同学们，请大家回忆一下，上个学期我们学习过一些概括文章主要内容的方法，谁能来跟我们说一说？

生 1：我们在学习神话故事的时候，学会了通过故事的起因、经过、结果来概括文章的主要内容。

生 2：我们在学习《为中华之崛起而读书》的时候，学会了用主要人物加事件的方式概括文章的主要内容。

师：是的，这篇课文，我们要继续运用主要人物加事件的方法，先给每个部分起一个小标题。

师：我们一起来看课后第二小题，一起来找一找第二部分的主要人物和主要情节。

生：主要人物是雨来。

师：没错，主要人物是雨来。在这里，雨来做了什么事？

生 1：雨来去上学了。

生 2：雨来学习了“我是中国人，我们爱自己的祖国”。

生 3：雨来上夜校，明白了要爱国。

师：让我们把最主要的情节提取出来，那就是……

生：雨来上夜校念书。

师：将长长的文章，用主要人物加情节的方式，概括出了简单的小标题。课文中剩下的几个章节，你能用上这个方法，来概括一下它们的小标题吗？

在这段教学过程中，教师为学生提供了一个范例式支架：在学习概括长文章的主要内容时，先把每个章节的小标题，通过主要人物加事件的方式列出来。

在学生探索的初期，需要教师的示范引领，做好学生的组织者、引导者，再让学生根据教师提供的范例，进行自主探索。当然，在学生参照范例自我探索的过程中，教师需要在班级里巡视，对于有困难的学生进行指导帮助。

二、减少支架，尝试独立探索

在教学中后期，教师可以逐步减少支架，留出更多的空间交由学生独立探索，引导学生将教学成果转化为自身能力。在逐步撤掉支架的过程中，教师慢慢引导学生结合自己的想法进行自主探索，学生成为阅读活动的主体。此时，教师不能做"局外人"，而应继续作为学生的辅助者，给予学生帮助和引导，一步步走向支架式教学的最终目的，使学生能够脱离教师的指导。

如统编教材五年级上册《四季之美》一文中，作者运用静态描写和动态描写是语言表达上的一大特色。教学中，教师首先引领着学生研读了典型段落，在学生感知这一特色语言形式的基础上，为学生搭建了一个范例式支架；然后，鼓励学生自主迁移这种学法学习其他语段，对典型语言形式有更深入的理解（如图 8-2 所示）。

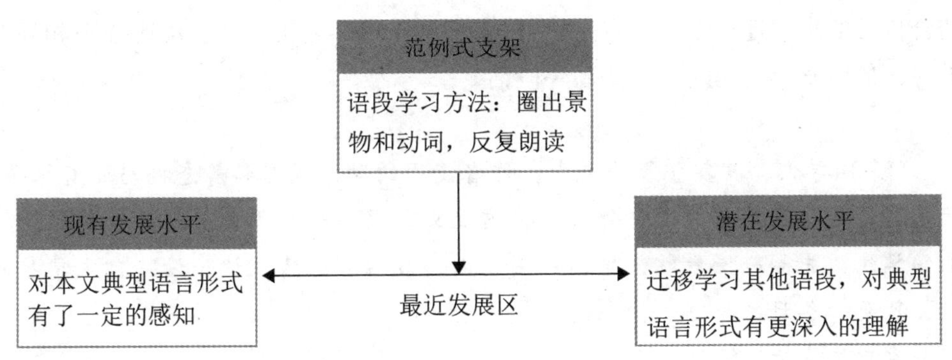

图 8-2　典型语言形式习得过程

教师首先带领学生学习第一自然段，感受春之美。

师：请同学们自由朗读第一自然段，边读边圈画景物。

生圈画并汇报交流。（师板书：春天黎明、天空、红晕、彩云）

教师引导学生找到景物描写的特点，圈画出动词，体会加上动词的好处，感知动态描写。

教师总结：同学们，用上动词，有了动态之美，这就是春天黎明中颜色的动态之美。

引导学生比较加上动词和去掉动词的两句话，更进一步体会动态描写的重要性。

师：同学们，我们再来读一读这么两句话，自己试着比较一下，把“一点儿一点儿泛着”“染上”“飘着”换成“有……”“有……”“有……”你们觉得可不可以？

师：有了深刻的体会，我们再带着体会和感情朗读第一自然段，感受春天黎明的美。

最后，教师总结学法。（板书：圈一圈景物→圈一圈动词→有感情地读一读）

在完成了以上教学之后，教师要逐步撤掉支架，淡出阅读活动，引导学生结合自己的想法迁移学法，自主学习“夏、秋、冬”之美，体会动态描写和静态描写，最后学会运用这种写法写一段话。

师：同学们，其实整篇课文中，作者使用的动态描写和静态描写还有很多，就是通过这样的写作方法，作者才将这篇文章写得如此优美。你能不能用黑板上的学法，先圈一圈景物，再圈一圈动词，最后有感情地读一读，自主学习夏天、秋天、冬天之美呢？

生自主赏析、汇报。

师：这种写法也可以运用到我们平时的写作中去，我们一起看一下语文书课后和《课堂作业本》的最后一题，请你也仿照本文，运用静态描写与动态描写相结合的方法，写出你印象最深的某个景致吧！

在这一段的学习中，教师其实已经撤掉支架，让学生来完成赏析。学生从跟着老师学，到掌握了方法自己学，充分发挥了主体地位，达成了支架式教学的教学目标。最后，再将学到的写法迁移到学生的生活中，描写生活中的一处景致，从课内延伸到课外，独立运用所学到的知识，锻炼语言运用的能力。

三、延伸课堂，鼓励思考创生

在支架式教学的模式中，教师应该提供的不是“圈”而是“点”，学生的自主学习以支架为中心呈放射型发展，教师不能为其设限[①]（如图 8–3 所示）。支架式教学的最终走向是“教是为了不教”。课堂的时间是有限的，教师应该通过多提问的方式，以语言的建构和运用为基础，帮助学生进行钻研，深入学习，提升思辨能力，引出课文的更深层意义，鼓励学生思考创生，在“最近发展区”继续攀升。

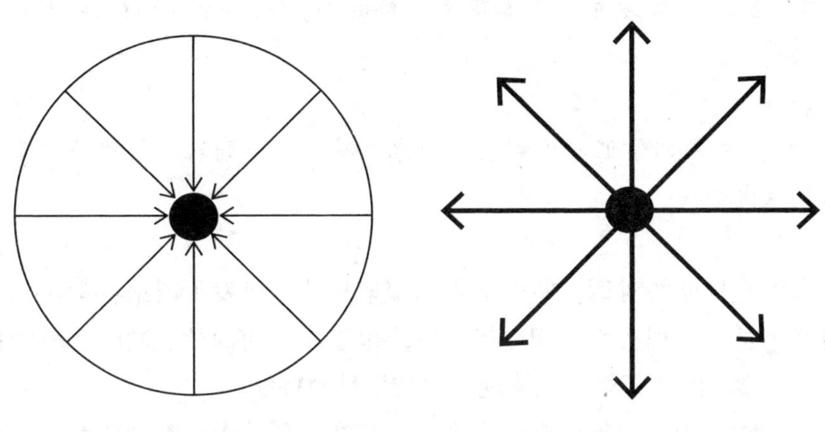

图 8–3　传统阅读教学模式与支架式阅读教学模式之比较

例如，统编教材五年级上册《落花生》一文，主要描写了作者小时候和父亲之间的对话，其中蕴含着深刻的人生哲理。在教师的引导下，学生可以自主探索落花生的优秀品格，读懂父亲言语的暗喻和其中蕴含的道理，并分享自己的感悟。学生跳出仅限于课本内容的思维定式，与自己的生命体验进行联结，便能形成更深层次的理解，攀登更高的“最近发展区”。在分享的过程中，教师通

① 陈安琪 . 小学语文支架式阅读教学的策略研究 .[D]. 徐州：江苏师范大学，2018.

过提问的方式，引导学生深入思考和钻研，完成深层次教学，提升思辨能力，帮助学生自主建构。

师：读完了课文，你们明白了什么？父亲想借落花生告诉我们什么道理？请大家谈一谈你们的理解。

生 1：我明白了做人要像花生一样，虽然不好看，可是很有用。

生 2：我们要做有用的人，不要做只讲体面而对别人没有好处的人。

生 3：我们不能只注重外表，要多多充实自己。

师：是的，我们的生活中有没有像落花生一样的人呢？

生 1：我认为医生、护士们就是这样的人。在新冠疫情期间，面对艰苦的工作迎难而上。

生 2：我认为消防员也是落花生一样的人，他们为我们的生命安全做出贡献。

……

师总结：希望同学们以后都能成为像落花生一样的人，虽然朴实无华，但却为人们做出贡献。

这段课堂延伸的对话，使得学生的探索热情被激发了出来，学生们积极思考，将文本学习与现实生活相链接，思维也逐步走向深处。同时，教师在此处也注入了对学生的德育教育，体现了语文学科的特性。

独立探索对于学生来说有点难度，因此在本环节中，教师要精准引导，充分发挥组织者、引导者的作用，更要做好学生的“学习合作者”，随时关注学生，根据学生“最近发展区”的动态变化，及时调整支架，确保自主探索的有效性。

第四节　协作学习，加强生生交流

在支架式教学中，给学生创造合作研讨的机会也同样重要。皮亚杰的认知发展理论指出：“没有与他人在思想上的相互交流和合作，个体永远不能把他的运算集合成一个连贯的整体。”① 从本质上来讲，学习就是一个与文本、他人、自我逐渐联结、建立关系的过程。

支架式教学中协作学习环节是在自主探索的基础上开展小组讨论与协商，目的是通过学生间的相互启发、相互交流，引起思维碰撞，激发学生的潜能，使原来不确定的、有矛盾的意见逐渐变得明朗、一致起来，在共享小组集体思维成果的基础上，达成语文要素的落实，完成对知识的建构；使不同发展水平的学生各有所得，同时培养交流合作的能力。新课标提出了“学习任务群”的观点，提出一种新的教学模式：要求教师设定一个情境或者典型任务进行学习，把课堂交给学生，把主动权交给学生，加强学生学习的主动性，培养其思维能力和思辨意识。教师作为组织者、学生作为主体在一定情境中带着任务进行伙伴式的学习，通过倾听、阅读、观察，获取、整合有价值的信息，清楚得体表达，有效传递信息，完成知识的建构。“学习任务群”观点的提出和支架式教学的过程也是不谋而合的。

一、注重分工，提高学习效率

在该环节，教师要尤其重视组员的分工。如在进行统编教材五年级上册《慈母情深》教学的时候，学生围绕探究主题“读下面的句子，注意反复出现的部分，想想它们的表达效果。课文中还有一些这样的语句，画出来和同学们交流”进行自主探索的基础上，教师组织学生展开了协作学习，并明确了每个组员的任务：

①小组成员选定一个自己印象最深的场景。

②组长组织大家讨论交流——找到有着特殊言语形式的句子，圈画反复出现的词语，说说它们的表达效果。

③记录员用简单的词语把理由写在词卡上。

④体会情感，齐读。

⑤汇报员做好发言准备。

---

① 沃兹沃斯．皮亚杰的认知发展理论 [M]. 周镐，等译．武汉：华中师范大学出版社，1986.

在小组汇报时，让小组所有成员上台，汇报员先介绍小组分工，再进行汇报。汇报时，组员根据情况加以补充，教师随时关注学生的表述，起到辅助作用。

汇报员：我们组选择的是第十六至第十七自然段“寻找母亲”的场景，我们找到了这句话“背直起来了，**我的母亲**。转过身来了，**我的母亲**。褐色的口罩上方，一双疲惫的眼睛吃惊地望着我，**我的母亲的眼睛**”。这里反复出现的词语是“我的母亲”。我们仿佛看到了一位疲惫、瘦弱的母亲，她的脊椎深深地弯曲着，头凑到缝纫机前。当听到“我”的声音，她抬起头来，她的脸颊不再红润，眼睛不再清澈，背脊不再挺拔，整个人憔悴又疲惫不堪。

汇报员：这里运用了反复的言语形式，三次出现“我的母亲”这个词语，是为了强调母亲为了我、为了这个家，变得如此疲惫、憔悴，表达了作者对母亲的愧疚和爱。

小组成员1：我还有补充，这句话“背直起来了，**我的母亲**。转过身来了，**我的母亲**”也将语序进行了倒装，将母亲的动作放在了前面，更加能突出母亲动作的细节描写。

小组成员2：我们刚才在交流过程中，试着将反复的词语去掉，并将倒装的句子改为原本的语序，发现这句话的情感就没有如此强烈了，不能很好地体现母亲的辛苦付出和我对母亲的愧疚与爱。

小组组长：接下来，我们组把这个场景朗读给大家听。（小组朗读，全班聆听）

明确的人员分工保证了人人参与学习活动，保证小组合作学习有序、有量、有质，形成思想交锋。在交锋中，学生们同时经历了最小层面的认同、评价等人际交往活动，使协作学习的形态得以拓宽、改良。

二、互学提升，关注“个性样本”

小组合作学习是一种非常高效的支架形式，同伴之间年龄相近、经历相似，常常位于同一个“最近发展区”。但是同伴之间也会由于个体的差异和认知能力的差别而产生水平差异。这种差异往往能在小组合作中得到弥补，在火花四溅的讨论中互相学习提升。

例如，在古诗学习中，小组合作是一个高效的方式。教师首先让学生自读古诗，将难理解的字词圈画出来，用自己的方法去解决它们，解决不了的留待小组合作时提出来大家一起讨论，试着解决它们。接着，让学生以四人小组为单位合作学习怎样将诗句描绘的场景表达出来。先彼此倾听，分享独立探索的成果，然后提出自己的疑惑，同伴一起协同解决。有些同学借助工具书、插图等，可以将大致的意思描述出来；有些同学的表述存在偏差，对于某些关键字词的理解有误；有些同学对于一些难懂的字词的理解有困难，那么就可以借助组员的力量，互相讨论解决问题；有些同学的表述过于简洁，只是简单地将每个字的意思进行串联；有些同学的表述则过于啰嗦，拖泥带水，说不清楚……

教师在巡视过程中，每当发现不同的“个性样本”，就可以引导这一组的学生再次回到文本情境之中进行比较分析：谁的表述更加合适？他们再次回到文本，或者借助工具书、插图、联系上下文等，就会发现最为合适的表述方式。就这样完成了古诗教学中的“说说诗句中所描写的情景”这一目标，对所学习的诗句有了一个从粗略到细致的理解。同时，在小组合作碰撞交流中，加强了沟通交流的能力，锻炼了语言表达能力。

美国著名的学习专家埃德加·戴尔 1946 年首先发现并提出“教育金字塔”理论，他在书中说道：“听课仅能让学生记住 5%的知识内容，小组讨论可以让他们记住 50%的内容，实际演练能帮助他们记住 75%的内容，学生学会后马上教别人则能记住 90% 的内容。”[①] 因此，基于“个性样本”，放手让小组合作互学，借助团体的力量帮助学生自主建构，进一步巩固学习成果。由于这样的深度学习是学生自主建构完成的，这将成为他们认知结构中一个崭新的触角，为下一次的合作学习提供支架，产生让教师们意想不到的结果，实现支架式教学的最终目标。

---

① 戴尔．视听教学法之理论 [M]. 杜维涛，译．上海：中华书局，1949.

第五节　效果评价，指向激励反馈

支架式教学强调评价内容多样化，其中包括教师对学生的评价、学生自我评价、小组之间的评价，甚至是学生对老师的评价。每节阅读课都不是独立的，彼此间互为支架，相互影响。因此，对每节阅读课进行回顾、总结与反思是十分必要的。并且教师在反思评价时，不能只关注自己的教学过程，更应该看重对学生阅读学习成果的评价。在传统教学中，这种评价仅限于学生作业与教师评分。在支架式阅读教学中，评价可以包含教师评价、家长评价、学生互评或学生自我评价多个方面。此外，小学生的心理调整能力还较弱，因此，评价应以鼓励为主。

一、动态增值，关注过程性评价

在支架式教学中，学生的认知水平是不断发展的，是由“现有发展水平”发展到“潜在发展水平”的动态过程，所以教师的评估标准也应该是动态的、不断更新的。新课标指出，过程性评价应有助于教与学的及时改进，教师要有意识地利用评价过程和结果发现学生语文学习过程中的特点与问题，提出有针对性的指导意见，促进学生反思学习过程、改进学习方法。同时，教师也可以依据评价结果反思自己教学中的不足，优化教学内容，改进教学设计，调整教学策略，完善教学过程。

例如，在教授统编教材三年级上册《名字里的故事》时，教师为学生搭建了表达的范例式支架和表达型支架之后，鼓励学生自主表达，并在学生表达的具体语境之中进行过程性评价。有了这种动态评价，教师能及时调整教学目标，做到因材施教。以下为两段教学实录：

①生 1 介绍自己的名字：我姓龙，因为我的姐姐姓龙，所以我也姓龙。

师打断：同学们，针对他说的“姐姐姓龙，所以我也姓龙”，你们有什么疑问吗？

生 2：不对，应该是他爸爸姓龙，所以他才姓龙吧！

生 1：你说得对，我刚才说错了。

师评：对呀，我们中国人的姓是随父母的，大多数小朋友是跟爸爸姓的，也有些小朋友是跟妈妈姓的，这就是我们中国的姓氏文化。

②生 3：先介绍自己外婆的名字的来历，再讲出外婆的名字。

师评：像这样，先讲来历，再说名字的顺序也可以，这样有时候能增加大家对名字的印象呢！

在评价过程中，教师也应该考虑小学生的心理承受能力，以鼓励为主。面对学生的错误，使用增值性评价方式，使学生实现正向增值。

二、多元主体，多种方式评价

支架式教学的评价可以包含教师评价、家长评价、学生互评或学生自我评价多个方面。通过多主体、多角度的评价反馈，帮助学生处理好语文学习和个人成长的关系，发掘自身潜能，学会自我反思和自我管理。

例如，在学习完统编教材三年级下册《昆虫备忘录》一文后，在延伸环节，教师为学生提供表达型支架，引导学生小组合作，模仿文中的写法，以小组为单位做一个图文并茂的“昆虫备忘录”，并提供评价卡（如图 8–3，表 8–2 所示）：

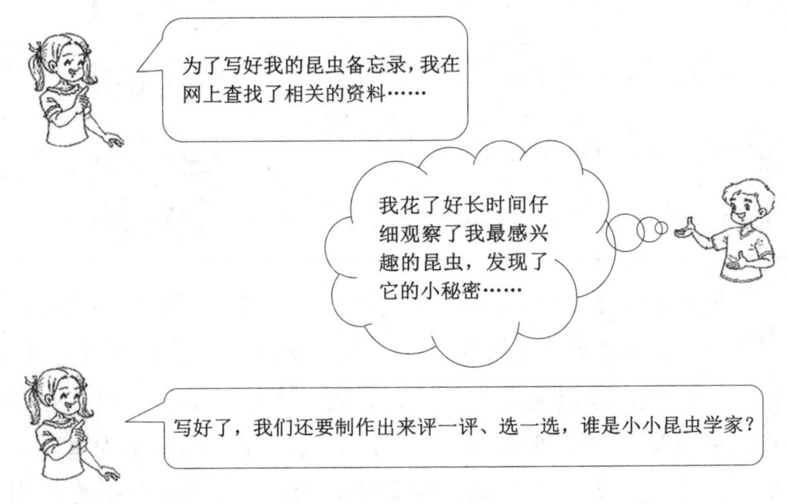

图 8–3 昆虫备忘录

表 8-2 “我的昆虫备忘录”评价卡

序号	评价内容	评价星级			
		自主打分	同学打分	家长打分	教师打分
1	能有条理地写清楚昆虫的外形和习性等特点	☆☆☆☆☆	☆☆☆☆☆	☆☆☆☆☆	☆☆☆☆☆
2	能仿照课文亲切自然、幽默生动的语言	☆☆☆☆☆	☆☆☆☆☆	☆☆☆☆☆	☆☆☆☆☆
3	图画和文字结合，富有童趣	☆☆☆☆☆	☆☆☆☆☆	☆☆☆☆☆	☆☆☆☆☆

评价卡中各项内容指向明确，包括了学生自我评价、生生互评、家长评价和教师评价，实现了评价主体的多元化。

支架式教学中一个重要环节是小组合作，因此在小组合作、汇报的过程中，教师可以提前设置评价量表、告知评价标准，引导学生合理使用评价工具，形成评价结果（见表 8-3）。

表 8-3　四人小组合作评价

组员姓名：（　　　）、（　　　）、（　　　）、（　　　）	
你觉得分工方式是否合理？	☺ ☹
你觉得讨论程序是否清楚？	☺ ☹
你觉得组员对于不同意见的处理情况怎么样？	☺ ☹
你觉得组员发言时是否尊重规则并有礼貌？	☺ ☹
你觉得组员在倾听发言时是否尊重规则并有礼貌？	☺ ☹
你觉得你们小组合作学习效果怎么样？	☺ ☹

总之，支架式教学的评价应该是多元的、有效的，主要对学生的学习效果进行评价，同时，教师在动态评价中不断反思，教学相长，促进师生共同进步。

依托这五个环节，进行支架式教学，设置一个连续的教学模式，帮助学生找到适合自己的支架，成为课堂的主体，以语言的建构和运用为基础，提升学生的思维能力、审美能力、传承和理解文化的能力，提高课堂效率、强化课堂成果，将语文要素转化成学生的语文能力，从而全面提升学生的语文核心素养。

CHAPTER 9

第九章

支架式教学的主要策略

第一节　灵活贯通，把握呈现时机

各种研究表明，激发学生内在动机是一种有效的教学策略。要找准学生知识的空白点，制造认知冲突，才能激发学生的内在动机，让学生对学习充满兴趣。那么学生真正需要提升的是什么？学生语文学习所要达到的目标水平和原有水平的差距就是我们真正需要帮学生提升的。

当学生的学习遇到困难或思维需要提升时，教师要及时提供合适的学习支架，帮助学生顺利跨越“最近发展区”。如统编教材五年级下册《景阳冈》一文中，作者对武松打虎的动作描写非常精彩，教师在学生反复品味语言、想象画面的基础上，播放了电视剧《水浒传》中武松打虎的片段。借助视频感受人物形象，让学生直观感受当时情形的危急和场面的惊险。看过之后，再让学生读课本中关于武松动作的描写，感受作者准确、生动的语言。这样，武松那种智勇双全、力大无穷、本领高超的高大形象就通过补充而跃然纸上。在这样反复的体验中，让学生感受作者用词的准确和恰到好处，名著的精彩之处也自然激起学生的学习兴趣。

这个适时搭建的链接型支架很好地将学生的阅读成果与直观的画面有机结合，不仅激发了学生学习名著的兴趣，还让他们对文中精彩的动作描写印象深刻。类似的支架，其实在名著阅读中比较常用，像《猴王出世》《冬阳童年骆驼队》《“凤辣子”初见林黛玉》都可以借助视频画面来感受人物形象，有助于学生更好地理解。

再如，教师在核心目标的引领下，通过链接课文助学资源、学生原储资源、作者背景资源、作品关联资源等，来为学生搭建链接型支架，在落实语文要素的同时丰富学生的认知和体验。《为中华之崛起而读书》一课中，在研读“耳闻中华不振”时，学生找到了具体描写“中华不振”的句子后，教师提问“你知道被外国人占据的地方是什么地方吗？”“被占据的地方中国人能去吗？”两个问题，然后让学生展示课前搜集的资料，也就是当时的时代背景，并结合教师提供的资料，了解了当时国家的衰败，理解了“中华不振”四个字。同样地，在小组合作中学生也学会了结合课前搜集的资料，如当时的社会状况和老百姓的生活，知道了当时老百姓生活的困苦，并借助中国巡警、中国女人和外国女人三者之间的人物关系图，加深了对“中华不振”的理解。教师在研读板块不时穿插资料的补充，而且这种资料的补充不是教师单方面知识的传递，而是学生通过课前的搜集资料、筛选信息、整合信息等实践过程，搜集摘录了有用的资料来帮助更好地理解内容，在实践中培养了学生思维。

新课标强调，学生是学习的主人，注意培养学生的自主学习意识和习惯，为学生创造良好的自主学习情境。有效地利用好课后习题，可以很好地找准预习方向，提高学习效率。比如，在学习《杨氏之子》这篇文言文的过程中，结合课后习题，学生就明白多读读小古文，能够读准字音，读通句子，从而正确、流利地朗读课文。课后习题中还出示了比较难读的两句话，学生可以重点关注这两句话，读准确，读出节奏，再结合注释了解课文的意思。老师在教学中回顾了以往学习小古文时借助注释、联系上下文、联系旧知等方法，锻炼学生理解古文意思的能力，最后再思考从哪里可以看出杨氏之子的机智。“课后习题作为教材的重要组成部分，对于教师的教学、学生的学习具有重要的引导作用，对促进学生语文能力的提升，有效落实语文要素有着重要的作用。”①

第二节　遵循规律，注重内在逻辑

教师提供给学生的支架彼此间要有关联、有条理，必须顺应学生的认知框架，不能“帮倒忙”，让支架成为阻碍学生思考的绊脚石。支架之间的逻辑性可以从宏观与微观两个角度来说明。宏观的逻辑性是指支架的逻辑性要贯穿于整节阅读课。例如，在学习有关描述人物的阅读课上，支架要由浅入深、由具体走向抽象，从“人物身份”出发，了解“人物经历”，最终体悟“人物精神”。在《桥》这篇文章中，教师让学生先从整体上把握课文的主要内容，然后围绕“课文中的老汉是个怎样的人”细读课文，画出描写老汉的有关语句。学生发现老汉是个党员，在旁边做简单的批注，之后与同学交流自己对老汉的认识。教师

① 中华人民共和国教育部.义务教育语文课程标准（2011年版）[S].北京：北京师范大学出版社，2012.

通过抓重点词句让学生充分地读、层层深入地读。感受老汉在危急时刻将生的希望留给别人，将死的危险自己扛起来的精神与人格，激起了学生情感上的共鸣。学生或圈点批注，或讨论交流……学得入情入境。老汉的高大形象，老汉的无私无畏、不徇私情、勇于献身的崇高精神，通过语言文字的感悟真正植入学生的心中。没有细节就不可能有艺术作品，真实的细节是塑造人物、实现典型化的重要手段。阅读课中如果能将人物的身份交代清楚，如钱学森、詹天佑、周恩来、邓小平、刘伯承等，就不难理解拳拳爱国之心和报国之志，根据人物的经历把握人物的精神境界，正所谓“于细微处见精神”。

微观的逻辑性是指在某个具体的支架中，教师的引导要符合逻辑。例如，在统编教材五年级上册《推敲》一课中，教师利用直观的链接型支架设置情境，将贾岛从一开始“拜访好友”到“月下作诗”再到“骑驴回家”的整个过程按时间顺序呈现给学生，帮助学生梳理事件发展过程，作为挖掘贾岛内心世界的基础。

搭建知识性支架，提升阅读能力，用朴素的方法——比较，实现教学效益的最大化。学习文言文《杨氏之子》对话的风趣幽默，“比较”是有效的教学方法之一。同样的言语内容，学生会用怎样的言语表达，与课文典范表达差距在哪里？接地气的比较阅读，帮助学生生成真切的幽默言语体验。教师出示两个比较的句子：①未闻孔雀是夫子家禽。②孔雀非夫子家禽。教师在教学中提问：杨氏子，你为什么不直接说“孔雀非夫子家禽”？从学生的反馈中可以看到，学生明白这既是对“此是君家果”的反驳，语气又比较委婉。学生了解了含蓄委婉的语言艺术和巧妙的沟通技巧。接着，教师又请学生将自己的体会通过朗读来表达。有了这样的铺垫，教师再进行语言的迁移，探索尝试从“哪里看出杨氏之子机智”引导学生揣摩杨氏之子与孔君平机智的对谈，在变换的句式比较中，体会杨氏子用“未闻”的否定句式来回应孔君平，委婉得体地反驳了客人的说法，同时表现对客人的尊重，用幽默风趣巧妙地化解了语言危机。再通过“应声”两字体会杨氏子几乎是不假思索，很快做出应答，可以看出，他虽年幼但思维敏捷，呼应前文中“梁国杨氏子九岁，甚聪慧”。采用这种比较阅读的方法，激发学生“感受课文风趣幽默语言”的兴趣，提升语文思维能力。借助工具性学习支架，联系上下文和生活情境，设计语用式填空，进行个性化表达，都能在整体认知活动中起着支撑作用，能促进学习活动真实、高效发生。

体会语言的风趣，在读准字音、停顿的基础上，读出文言文语言的凝练美、音律美，教师适时提出：利用姓氏做文章。根据主客间的对话，孔君平由杨梅联想到杨氏之子的姓，就跟杨氏子开玩笑，调侃他。杨氏子机智对答。教师顺势板书：杨氏子——杨梅——君家果；孔君平——孔雀——夫子家禽。利用这样的支架，引申到姓李、黄、柳等人的身上，同学们利用姓氏或其他做文章，尝试运用风趣幽默的语言互相模仿，不乏机智幽默。创设相似的语境条件，将习得的幽默语言转化为真实的言语训练，充分利用学习支架，加深对文本的理解，充分利用文言文语言精练、幽默风趣等文体特点去促进学生的精神成长，能更加内化语文要素，扩展学生的思维。

第三节 多元提供，培养支架意识

苏霍姆林斯基说过，教学就是教给学生自己借助已有的知识去获取新知识的能力，并使学习成为一种思索活动。语文教学不只是教给学生语文知识，更是引导学生学会学习，要提供适合学生发展的“生长点”，帮助学生在发现和解决问题的学习中，逐步发展思维，活化知识，内化所学的知识技能，成为独立的学习者。

所谓“多元提供”，主要是指提供支架角色的多元。支架并不是只能由教师给出，学习伙伴、家长，甚至学生本人都可以提供支架。

教师在教学过程中适时地提供支架。如人教版五年级上册第八组课文是围绕伟大领袖毛主席编排的，为了帮助学生更好地感受毛主席伟人的风采和凡人的情怀，教师让学生课后读一读相关的文章，看一看相关的影视作品。当教授《青山处处埋忠骨》一文时，教师适时地介绍了关于毛主席三个儿子的资料。五岁的岸青流浪街头的时候被警察打伤头部，一直治疗；岸龙在战争中不幸失踪，再无音讯；岸英是他最心爱的长子。当年，从事地下工作的同志们冒着生命危险找到了岸英，把他送到主席身边；后来主席又亲自把他送到朝鲜战场……这位教师的分享，为学生提供了一个很好的链接型支架，能帮助学生更好地体会毛主席失去爱子时的那份悲痛，同时在潜移默化中培养了学生的支架意识，以后在独立阅读时，学生也会尝试为自己搭建支架。

当然，在教学过程中，教师和学生在研读课文的同时，可以根据自己的真实的任务驱动，将思考的问题整合成内驱式任务。那么，教师可以提供支架，学生也可以提供自己的支架，用来进行内驱式任务的解决，也就是个体在环境和自我交流的过程中产生的具有驱动效应的给个体以积极暗示的学习帮助。例如，在学习统编教材五年级上册第四单元《古诗三首》时，结合注释和相关的资料，说说诗句的意思，再想想它们表达了诗人怎样的情感。书本中的知识往往是比较平面的，学生能依靠自己积累的经验，对古诗有个大概意思的理解。围绕诗人表达的情感，学生可以进行相关资料的查找，讨论自己想要什么信息、如何查找、如何选取。当然，诗人的情感是需要相对完整的时空背景，和学生在认识的主体、客体之间建立一个通道，才能让学生和诗人自觉地进入认识和被认识的关系中去。这样，对于学生而言，内驱式任务强调真实而完整的驱动，它能激发学生的学习兴趣并具有挑战性，使学生乐于完成。通过体验式植入、换位思考、移情入景，深入体会诗人所处环境的此情此感，会极大满足学生主体的学习需求，给予他们学习的主动权，让学生在学习体验中能主动学习，还有新知识的增长点和兴趣点，并产生质疑点，获得满足感，感受语文学习的快乐。

古诗词教学在小学阶段的学习，常常会出现两种不良的倾向。一种是只要读读背背，没有教学也没有理解，认为学生的学习能力并不能消化古诗词的意义；另一种就是用文学鉴赏的方式去过度解读分析离我们现实意义较远的古诗词，这样的抽象学习又是拔高了学生的学习能力。因此，古诗词的教学也是教学的难点之一。古诗词内容的时空跨越太大，学生的阅历背景又太浅，很难与诗人心同此情，意同此理；古诗词的话风与学生现在的语感相差太大，大多数的古诗词讲授仅仅满足于古诗词意思的梳理和诗句的背诵积累，至于诗词背后的文化其实是没有办法涉及。

统编教材五年级上册第四单元《古诗三首》中的前两首古诗《示儿》《题临安邸》都是南宋诗人的作品，反映的是相同时代背景下的社会生活情况，但是两首诗所反映的社会角度又是不一样的。《示儿》是南宋爱国诗人陆游的绝笔，诗中作者以遗嘱的口吻，表达对南宋统治者屈辱求和、苟且偷安的无比愤慨，对收复失地洗雪耻辱、重新统一祖国的无比渴望。诗的前两句写诗人临终时感到悲哀的不是个人生死，而是见不到祖国的统一；后两句写诗人相信失去的家园一定会被收复的坚定信念。这首诗言辞悲壮深沉，巧妙地运用诗人临终前这一特殊情况下的特殊心理设置矛盾，在矛盾中展示诗人渴望祖国统一的心情。《题临安邸》是一首政治讽刺诗，是作者林升看到中原国土被金人侵占，而南宋朝廷却一味苟且偏安，寻欢作乐，作者为吐心头的愤恨，表达对国家、民族命运的深切忧虑而题写在墙壁上的心里话。诗的头两句抓住临安城虚假的繁荣太平景象，触景伤情，长叹“西湖歌舞几时休？”后两句是诗人进一步感慨，一语双关，剑指南宋统治阶级，构思巧妙，措辞精当。如果在教学过程中能增加北宋、南宋版图对比，并根据版图的缩小变化推演从汴京到杭州的转移，就能直观地展示出南宋朝廷的苟且偷安。另外，“1127 年，汴京失陷，北宋灭亡。1276 年，金兵攻破杭州。1279 年，崖山之战，南宋全军覆没，南宋灭亡”这段历史的直接描述，无疑告诉学生，陆游一生都没等到祖国的统一，更加能体现他一生的遗憾。再如，《课堂作业本》中的补充资料显示：1126 年，金军攻陷北宋都城汴州，中原被金人占据。宋高宗赵构逃到江南，1127 年在临安即位，史称南宋。南宋朝廷并没有接受北宋亡国的惨痛教训而发愤图强。当政者不思收复中原失地，只求苟且偏安；对外屈膝投降，对内残酷迫害岳飞等抗金名将，政治上腐败无能，达官显贵一味纵情声色，寻欢作乐。五年级的学生对于古诗的朗读、背诵其实难度并不大，但是南宋的历史背景知识确实是历史久远，很多学生无法理解。《课堂作业本》中的资料补充很好地解决了这个问题。这节课主要体现的是学生要了解什么。教师在进行教学准备的时候，可以设计资料袋（里面放可供学生自主选择的资料），主要体现在关注学生学习的起点：即学生自主学习后，能在帮助理解的基础上，体现学生学习古诗的起点。再者就是关注学生在学习过程中新的兴趣点和知识增长点：即借助资料将作者的情感推进古诗的朗读、理解中去，然后学生在自主学习中提炼出自己的感悟。

深入的阅读理解既要依托文本内容和表达本身，还需要借助有关的背景资料，这样才能真切地让学生与文本情感产生共鸣。[①] 例如，学生在预习《古诗三首》中的《示儿》的过程中，适时补充一些陆游的背景资料，让学生能谈一谈在阅读这样的背景文字后的感受，让他们再一次感受陆游的爱国情怀，以及几十年以来忧国忧民的难能可贵，钦佩之情油然而生。

资料一：陆游生平

陆游（1125 年 11 月 13 日 — 1210 年 1 月 26 日），字务观，号放翁，越州山阴（今浙江绍兴）人，尚书右丞陆佃之孙，南宋文学家、史学家、爱国诗人。

---

① 林庆丰．让个性化阅读教学精彩语文课堂 [J]. 教育艺术，2008(10): 52−53.

陆游生逢北宋灭亡之际，少年时即深受家庭爱国思想的熏陶。陆游一生笔耕不辍，诗词文皆有很高成就，尤以饱含爱国热情对后世影响深远。他的诗有九千多首留存下来，内容极为丰富，大多抒发政治抱负，反映人民疾苦，批判当时统治阶级的屈辱求和，风格雄浑豪放。

我还搜集了关于陆游的一些信息：____________________

____

资料二：陆游的部分诗句

①上马击狂胡，下马草军书。(20岁)

②飞霜掠面寒压指，一寸丹心唯报国。(48岁)

③位卑未敢忘忧国，事定犹须待阖棺。(52岁)

④僵卧孤村不自哀，尚思为国戍轮台。(68岁)

⑤一闻战鼓意气发，犹能为国平燕赵。(82岁)

⑥王师北定中原日，家祭无忘告乃翁。(临终)

我也收集了几句陆游的爱国诗句：

____

____

学生在自我阅读和资料的删选过程中，不仅能根据老师出示的资料进行自我吸收，还能自己将知识结构进行查找、整理、重组、再造。因此，他们会根据现有的知识点对陆游这个人物进行重新认知，使得人物形象丰满起来。学生依托资料的再整理，能将阅读的体验融入自我的最新体验，内化于心。借助资料这个支架来体会课文表达的思想感情，《古诗三首》课后要求也是读懂诗歌的题目，有助于我们理解诗歌的内容，结合注释和相关资料，说说诗句的意思表达了诗人怎样的情感。在教学的时候，先学习《示儿》。先读出古诗的节奏，读懂诗题；再借助注释来理解诗意；最后，结合资料体会古诗所表达的情感。用这样的方法提炼后，再迁移到自主学习《题临安邸》，并结合《课堂作业本》的作业交流来推进这个课堂，根据题目的提示来讲解对“游人”“醉”等关键词的理解。课堂中能依靠的资料不多，那么我们就从自己找的资料或者老师准备的资料中，通过同伴、小组交流再来思考，并说说结合资料阅读的感受，目的也是体现学生的主动性。

统编教材采用人文主题和语文要素并线的结构思路进行编排。五年级上册第四单元的三首古诗《示儿》《题临安邸》《己亥杂诗》中，陆游、林升、龚自珍三位诗人通过对现实的描绘、对统治者的希望等方式来表达自己忧国忧民的爱国情怀，但是他们表达情感的方式也各有不同。这三首诗情感强烈且有明显的层次性，在读懂诗句意思的基础上，深切理解诗人的爱国情怀，读出每一句诗表达的真实情感。《示儿》一二句是悲痛深沉的，三四句转为激昂乐观，充满了希望。《题临安邸》先写乐景，然后转为责问，三四句悲愤地讥讽统治者。只有真正读懂了诗人的心情、态度，才能读出个中滋味。课堂上根据具体的诗句内容和节奏，运用不同形式读中悟情、读中积累。另外，在方法习得上，要让学生读懂、读透古诗词，除了借助注释，还需要查阅相关资料。《示儿》和《题临安邸》对于学生来说，有很多诗句意思的空白需要填补，如“不见九州同”是怎么回事？“北定中原”指什么？“杭州”与“汴州”有什么联系？为什么说把杭州当作汴州是“醉糊涂了”的表现？要填补这些空白，必须查阅相关资料。教学中，帮助学生习得查阅资料的不同方法和途径，并让他们初步具备查阅资料的能力。对课文内容的梳理概括是一项综合性较高的语文学习内容，它对学生的阅读能力、思维能力以及表达能力都有着重要的促进作用。统编教材的课后习题，紧扣单元语文要素，指向文本核心内容，提示学习需要达成的目标。在具体设计学习任务时，可以着重考虑怎么做，如何进行自主学习或者合作学习。正如乌申斯基所说：“比较是一切理解和思维的基础，我们正是通过比较来了解世界上的一切。”① 学生如果能在自我的阅读中多方位、多角度去思考比较，是加深对文本的理解的非常好的方法，也是提升思维力的强有力的手段之一。语文学习是教师在教学的实践过程中引导学生对文本进行学习的过程，为增加其课外拓展的资料提供支架，引导他们阅读、搜集、整理、筛选，并对查找的资料进行合理运用，这是对教学的有力补充，也是对语文教学的深度引领。在具体的语文教学实践过程中，能用好统编教材中的“查找资料”拓展课外资料内容这个支架，深化语文学习，开展个性化阅读、思辨性阅读，对于构建学生发散思维、提高阅读能力是有益的。长此以往，学生也能在阅读中收获快乐，爱上语文阅读，从而提高核心素养。②

① 乌申斯基 . 乌申斯基教育文选 [M]. 北京：人民教育出版社 , 1991.

② 钱颖一 . 批判性思维与创造性思维教育 : 理念与实践 [J]. 清华大学教育研究 , 2018, 39(4): 1−16.

在日常学习过程中，学生和学生之间合作学习，学习伙伴相互之间提供较为适宜的支架，也是不错的办法。例如，在《女娲补天》中，抓住一些句子，通过多种形式的朗读来感受、揣摩神话语言的神韵：“远远的天空塌下一大块，露出一个黑黑的大窟窿”；“地被震裂了，出现了一道道深沟”；“山冈上燃烧着熊熊大火，田野里到处是洪水”；等等。学生从朗读中读出可怕，教师启发学生的想象，煽动学生的情感，帮助学生在脑海里浮现一幅幅天崩地裂、水深火热、苦苦挣扎的画面。这一段主要靠学生的丰富想象来揣摩语言，神话故事往往通过夸张的语言表现人物的神奇力量。女娲补天是个艰辛的过程，课文中第三自然段重点叙述了女娲寻找五彩石时的不易。教师引导学生通过抓住文中能够体现女娲寻找五彩石艰辛的词语进行品味、朗读。在细读文本以后，发现文本中的空白点：女娲找到了纯青石，那其他四种石头呢？这里可以激发学生的思维，强化学生的语言实践，提升他们的语言素养。女娲寻找石头的空白点，展开想象练习：请小组内的同学们选择一种石头进行故事续写，并利用小组优势，将四种石头找齐。这样，想象与言语习得两者得以兼顾。

1. 展开想象，续写故事。

选择红、黄、蓝、白四种颜色中的一种，展开想象，将寻找石头的过程写下来。

2. 组内交流，评价同学续写的故事。

3. 小组合作，将你们寻找到的四种石头连接起来，续编成故事，再全班交流。

三年级的孩子有着丰富的想象力，他们学会运用优美的词句组合成一篇续写故事。利用文本是一种更省力、更有效的开发，这样挖掘以后，不仅锻炼了学生的写作、说话能力，更将他们的信息进行交换和情景的再现，使课堂教学开放且更加活跃。学生和学生之间互助交流、相互支撑、提供支架，可以引导学生通过读书，抓住女娲的动作（找—挖—放—炼—化—装—端—泼等），真切感受女娲的神奇。“女娲把它装在一个大盆里，端到天边，对准那个大黑窟窿，往上一泼，只见金光四射，大窟窿立刻被补好了。”就这简单的“一装一端一对一泼”，大窟窿立刻被补好了，这看似轻松的动作却是常人不能做到的，尤其是“泼”这个动作最能体现女娲的神力所在。学生积极主动地发言，自由地站起来不受老师指引的自由表达更充分。这样的教学关注学生和学生之间的提升、互助，真正为学生的学而教，为学生的发展奠基。正如朱熹所说："圣贤施教，各因其材，小以小成，大以大成，无弃人也。"① 陈先云说："改革是要抛弃以往一切不合理的东西，但绝不是全盘的自我否定。新与旧，传统与现代，不是截然对立的。"② 在自主性、探究性、合作性、创造性学习中，允许学生各抒己见，使其在合作中得出趋于一致的理解。汪潮教授也指出："课堂新方式：自主、合作、探究。关注学习方式的变化，是新课程改革的亮点，也是新课堂的亮点。自主学习要充分，合作学习要高效，探究学习要精当。"③

其实，每一篇作品的诞生都离不开当时的情和景，大的为社会时代背景，小的为作者、人物生活的处境。学习魏巍的《再见了，亲人》，必须置身于抗美援朝的时代背景之下，只有这样，才能拉近学生与文本的距离，更好地理解课文表达的情感，但是这样的时代背景，学生是很难理解和感同身受的。那么，家长可以提供怎样的支架呢？例如，观看电影《长津湖》《最可爱的人》《上甘岭》等优秀影片，并和孩子一起多了解当时的环境背景和政治局势，这样对于学生更快深入文本起到了很好的作用。学习结束后，对于孩子感兴趣的内容，家长可以和孩子进一步进行亲子阅读和整本书阅读，将学习的深度进一步提升。

第四节 互相融合，发挥最大效用

在支架式教学中，每一种支架都有其独特性，它们就好比学生攀爬过程中的支撑、扶手、着力点。教师要根据学生的学习需求，灵活运用多种支架，注重各种支架间的融合协作，使其发挥最大的教学辅助作用。

如统编教材六年级上册《月光曲》一文，在表达上很有特点，作者用大量的联想展现了事物的发展和变化。在引领学生感知、深化这一典型表达方式的基础上，教师为学生搭建了三个支架（如图 9-1 所示）。

---

① 朱熹 . 四书章句集注 [M]. 北京：中华书局，1983.

② 吴琳 . 梅林看课堂 [M]. 上海：上海文艺出版社，2006.

③ 汪潮 . 语文教学专论 [M]. 北京：教育科学出版社，2008.

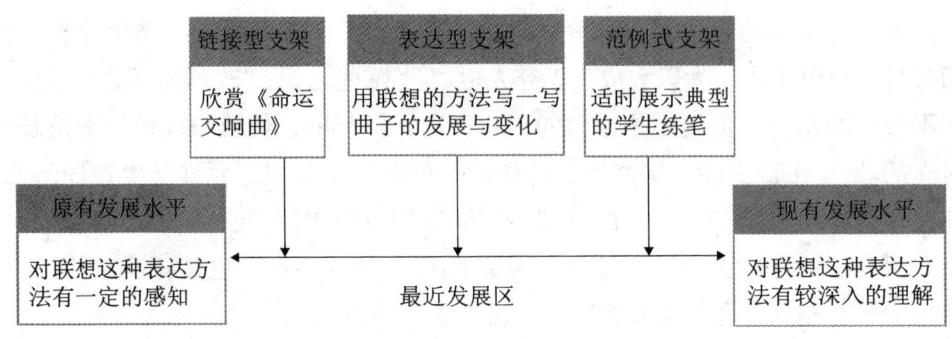

图 9-1 《月光曲》中三种支架的融合

整个教学过程中，教师将三种支架互相融合，帮助学生将典型的表达方法进行迁移运用，进一步提高了学生的书面表达能力。我们看到这堂课清晰的脉络，看到了贝多芬的情感变化是：平静—感动—激动，《月光曲》的曲调变化是：舒缓柔和—渐渐有力—高昂激越，这堂课宛如这首《月光曲》，从一开始的平静、柔和到课堂的渐趋饱满，再到课尾的激动、感动，步调一致，让人赏心悦目，仿佛进入音乐的殿堂……学生最大的收益就是学习了写实和联想相结合的表达方法，分清了哪些是实在的事物，哪些是产生的联想。教师引导学生比较了有联想和没有联想的不同表达效果，让学生感悟到联想在表达中的重要作用，进而使学生在阅读与写作时自觉运用联想来理解与表达。通过展开丰富的想象，感受到了《月光曲》的优美；通过有感情地朗读，抒发了自己的情感，步步扎实，体现了浓浓的语文味。链接型支架重点是授之以渔，让学生在感受贝多芬的《命运交响曲》这首曲子时，感受联想这种表达方式，动笔写写他们听到了什么，看到了什么。在这富有变化的音乐声中，学生们的文字从笔尖不断流淌……在反馈中，我们可以看到学生那些丰富的联想，随着曲子的变化而感受到无穷魅力。那么，这种适时的表达就是本课难点——联想表达方式的深刻理解和感悟。

第五节　依据学情，逐步撤销支架

从小学语文教学角度来讲，教师在课堂上发挥的作用相当于“脚手架”的作用。虽然现阶段更强调突出学生在课堂上的主体地位，但是在实际教学中，教师依然不能忽视自己课堂组织者的身份。在构建知识框架的过程中，要充分考虑到学生的知识水平以及实际教学内容的特点，有针对性地进行教学活动以及教学内容展示方式的设计。但是从现实的教学情况来看，很多教师在课堂上都忽视了自己搭建课堂教学“脚手架”的作用，过度强调学生在课堂上的自主探索。虽然学生在课堂学习中都热情高涨，但是不难发现，学生的自主探索缺乏明确的目的性，这样的教学方式非但没有实现整体教学效率的提升，反而浪费了大量的课堂教学时间，导致教学效果提升困难。尤其是在针对古诗词以及古文类内容进行教学的过程中，由于此类文本的文字表达方式与学生在日常生活中的表达方式存在较大的差异，很多学生在学习的过程中都感到困难。针对上述情况，教师在组织课堂教学活动的过程中，就不能忽视自己在课堂教学中搭建“脚手架”的作用，教师要从更宽广的视野出发，依据设定的教学目标，同时充分考虑不同年龄段学生的认知特点，对需要教学的内容进行有机整合，根据文本内容以及具体教学需要设置教学活动，配置教学内容，并针对本节课的重点问题鼓励学生在课堂上进行自主探究。如此，学生在课堂上的自主研究才能更具有目的性，教学效果才能真正得到保证。

小学阶段，老师依据学生年龄特点及学习实际情况，引导学生进行恰当的预习，这是对高效课堂的建设，也是对学生自主学习能力的培养。学生只有掌握科学的学习方法，具备较强的自学能力，将来才能独立地探究新的科学领域，探求新的知识。[①] 新课标也提出“积极倡导自主、合作、探究的学习方法”的理念。课前预习支架在提倡学生自主探究、培养自学能力、张扬学生个性、表现自我等方面有其独到的作用。有些文章涉及的知识面非常广，或许是学生从未接触过的。为此，学生在课前就应该做好充分的预习准备，明确目标以后，上网搜集相关信息，提前查阅课外资料，并进行细致整理，提前浏览，初步掌握。待到课上，可借此搜集、整理的资料与同学、老师一起交流。这样的学习才会

① 陈玉秋 . 思维学与语文教育 [M]. 桂林：广西师范大学出版社，2007.

使课堂更加丰富多彩，既锻炼了学生搜集、整理资料的能力，又养成了其动手查找资料的习惯，有利于学生深入地了解课文内容以及作者写作的意图，为学好课文打下基础。以人教版五年级上册《难忘的一课》为例，台湾被日本侵占这段屈辱的历史离我们已经十分遥远，并不是每个学生都了解。所以，在课前预习了解台湾光复等相关的知识对课文的理解起到很大作用。根据“单元提示”和“导读提示”的要求，学生可以获取相关的课文预习信息：（1）了解课文主要内容；（2）感受字里行间所表达的爱国热情；（3）阅读、收集相关的资料，并整理运用。在具体的过程中，学生能够收集到关于郑成功收复台湾、台湾光复、孙中山等信息，这样的预习导读可以作为学生预习的扶手，帮助他们主动了解单元目标，合理安排预习活动。

我们都知道，语文精读课文的后面都安排了相关练习，这也应该是学生预习的落脚点——预习的支架。例如，人教版六年级上册第四组课文中《再见了，亲人》一文，六年级的学生在读通课文的基础上，可以试着在课前将第一小题“课文写了哪些‘亲人’，从哪些事情中感受到他们是‘亲人’”这个问题解决。所谓“不动笔墨不读书”，强调的就是动笔对读书的重要性。第二小题中“有什么体会”，学生可以简单批注自己的感受。当阅读文章时，遇到写得好的地方或者自己有独特见解的地方，或是自己不理解的语句、词语，或认为有疑问的地方，即可在课文边进行批注或是注上标记，如不懂之处用“？”、重点之处用“△”等符号。第三小题“领悟文章在表达上的共同点”，则可以结合课文在表现手法、篇章结构等多个角度去思考。学生在预习时可以展开想象，打开思路，深度学习。

叶圣陶说：“阅读教学，得法于课内，也得益于课外。”① 学生自主学习支架是优化课堂教学的一个重要环节，是发挥课堂40分钟最佳效果的必要前提和步骤。以上几种基于导读提示、字词、课后习题的预习只是预习的最基本的做法，这样的做法如果不能很好地执行，那么对于不自觉的学生来说，仅仅是老师的几句空话而已。以学生自主活动为基本方式，将“活动单”作为抓手，在自主活动中完成预习要求，在一个个活动中使良好的预习习惯得以养成。教师引导学生预习要有一定的目标和目的。学生预习时有了支架和目标，自然有的放矢、事半功倍了。对重点篇目，教师要深入钻研，提出有一定的思考力、有吸引力、

① 叶圣陶．叶圣陶教育文集 [M]. 北京：人民教育出版社，1994.

能激发学生的浓厚兴趣的预习题。这样在课堂上做的检测才能“掷地有声”，有布置有落实。例如，统编教材五年级上册古诗《示儿》的活动单中的目标是对古诗的熟读和背诵，以及对诗意的理解，从而感受作者的爱国之情。而人教版的课文《最后一头战象》有许多的目标：(1) 会写本课的 11 个生字，掌握课文出现的新词语。(2) 掌握课文主要内容，会用简单的几个字概括最后一头战象在死前做的不同寻常的事。(3) 有感情地朗读课文，在认知冲突中，凭借有感情地朗读，深切感受嘎羧英勇、忠诚、执着的精神。不同文体的课文，目标的设定是学生预习时的方向。

教师在设计“活动单”时，要创设条件，唤醒学生预习的意识并激发其兴趣。“跳一跳，摘得到”，让学生享受成功的喜悦，在快乐的体验中懂得自己是学习的主人，从而迸发思维的火花、学习的兴趣，提升质疑的能力，提高预习的有效性。

《示儿》中的朗读活动设计

活动一：朗读古诗，读懂诗意。

1. 反复朗读古诗，读通读顺，结合注释说说诗句的意思。

2. 组内交流。

(1) 组内多种形式展示朗读。

(2) 说说诗句的大体意思。

3. 交流展示。

预习中反复地朗读古诗，达到读通、读顺的目标，在此基础上，学生可以选择多种形式的朗读或者朗诵进行自身的提高。比如，利用平仄诵读、音乐和读或者是有感情地朗读等。这样，在课堂内汇报时，学生将会展示自己认为最好的一种朗读方式，不会毫无准备、束手无策了。

至于略读课文《最后一头战象》的朗读部分，则采用默读的方式，将字词的预习作为重点。

活动二：

1. 大声朗读下面的词语，难读的词语多读几遍，争取读正确。

亢奋　象冢　箐沟　铁镐　扑喇喇

日寇　石碑　劈敌　焦躁不安

威风凛凛　英武豪迈　横遭不幸

久别重逢　泣不成声　排山倒海

炯炯有神　势不可当　浴血搏杀

2. 快速浏览课文，画出课文中直接描写战象在战场上作战的句子。

3. 组内交流。

（1）组长带领组员大声地轮读词语，交流难读的词语，提醒大家。

（2）组内认真读一读描写战象在战场作战的句子，说说你看到了怎样的战象，你是从哪些关键词语读到的。

4. 全班交流。

从文本细读看来，我们不难发现，此文有大量的难读字词，因此，教师在布置预习作业时，可以规定读课文的遍数，一般为三遍。布置读课文时，每一遍应达到明确的目标。第一遍读，读准字词，不认识的字查生字表或字典，特别难记的在文中做上标记；第二遍读，读通每句话，画出不太理解的词句；第三遍读，明白课文的大意，边读边想一想：这是一头怎样的战象？为了让学生易于记诵、便于操作，可以用“读课文，做记号”这个顺口溜进行细化，内容如下：生字词，画横线；关键词，点黑点；精彩句，下圈圈；需摘抄，加三角；有疑问，标问号；主动学，当主角。如此细化要求，学生有章可循，有法可依，预习自然轻松，上课自然活跃。“活动单”在设计上应尊重学生的个体差异。差异性是每一个集体中不可避免的现实，在预习中也要尊重个体差异，对他们的要求不可同言而语。例如，相对简单的活动可以由学生本人完成；相对难度较大的，预习活动在具体的操作过程中可以分层进行，借助优劣互补小组，共同进步。如果在优良的小组内一起预习，互为影响，共同进步，依靠“组织的能量”就可以形成良好的预习氛围。《示儿》这首古诗中，陆游既然知道“死去元知万事空”，为什么还叮嘱儿子“家祭无忘告乃翁”呢？这个问题的提出，对于那些没有联系当时背景和陆游一生经历的学生来说比较困难，可以借助同学的力量来解决。在《最后一头战象》中也有类似的例子：年迈的嘎羧在最后的生命历程里，做了哪几件不同寻常的事？用小标题概括。在学习过程中，当自己的理解和班级的讨论结果相吻合时，学生便会产生成功预习的快感，并乐意继续思索，激发阅读的兴趣，增进课堂的高效。“活动单”作为一种支架手段，树立学生主体意识，“授之以渔”，让学生学会独立思考，有自己的独立见解和感受。

每个人在同样的问题面前会有不同的感悟，当然，每个人还会从文本中产生新的想法和疑问，如果能把这些有意思、有价值的想法进行进一步的预习探究，尝试解决，将会给学生带来新的感受。

比如：

《示儿》：儿啊，你可知道，________________，这怎能不让我______呢？

《最后一头战象》：我的鼻尖久久地在上面摩挲着，久久地摩挲着，我闻到了象鞍上有一股混合着皮革、硝烟、战尘和鲜血的奇特的气味。我不禁想起了____。

这两处抒发感情的写话，无疑是学生对文本的深度感受，避免了照搬参考资料或是全然在课堂上无动于衷，课文预习的好处便显而易见了。

无论是语文课文预习支架还是利用“活动单”巩固学习，都是有效地培养学生形成良好的自学习惯，提高学生自主预习的能力和课堂的效率，让每个高年级的学生在学习的过程中做到自主学习。而支架式教学的目的是使学生成为独立的、自律的学习者和问题解决者，促进学生的自我规范。因此，渐退性是支架的一个重要特征，即当学生的学习能力逐渐增强时，教师就要逐渐将支架撤回，直到学生能够独立完成学习任务。

第六节　关注差异，及时调整添加

教师在搭建支架时主要考虑大多数学生的需要，对于一些特殊的学生，如学习能力特别优异或者学习能力相对薄弱的学生，这样的共同支架可能在某些时候就会不适合他们的学习。因此，在支架式教学中，教师要特别关注学生间的个体差异，及时调整支架，尽量保证学生的学习积极性，真正促进每个学生的能力发展。

根据学生的成长需求，支架的形式内容也是将全体学生慢慢转变为针对个体学生学习起点的学习型支架，不论是在教师设计上还是学生自主选择上，定向内容上还是融合整理上，都需要改进和调整。对于有差异的作业和相关的问题，教学的角度都是因材施教的重要载体。从学习的角度来说，我们在学生作业上就出现了不同的差异性的设计，《课堂作业本》不仅仅作为一种检测而存在，还作为学生的一种支架而存在，能够对了解课文有所助力，才会让学生觉得作业是适合自己的，从而形成一种对作业的内在需求。

调整支架的手段主要有两种：一是调整支架的跨度，二是添加新的支架。当教师发现现有的支架对个别优秀的学生来说跨度太小，学生有陷入机械学习的可能时，则可适当加大支架跨度，从而激发学生的求知欲，主动积极地进行建构学习。而当现有支架不足以支持部分学生达到预期水平时，教师就要适当地增加支架，否则学生便无法靠自己的能力跨越“最近发展区”。

调整支架的跨度，是有一定的伸缩度的，不管是课内还是课外作业，都是基于课堂学习的延伸，是促进学生进行自我构建的学习支架。例如统编教材二年级上册《风娃娃》一文，课堂上根据课本内容呈现四幅图，可以先引导学生进行观察，找出差异，再进行有序排列，并讲一讲理由。对于学习能力很强的学生来说，可以根据图片内容或者思维导图讲讲这个故事。学生可以自己构建在课堂中的支架进行内化，并根据自己的能力形成自我的学习要求。以图片或者思维导图作为学习支架，能将不同学生的学习起点和学习结果联系起来，学生从参与观察、思考、判断、总结再到最后的输出，将语言表达落到实处，也是学习支架可以伸缩的体现。不同学生根据不同的情况，结合自己的思维状态，不管在哪一步都能有所收获。

在添加支架上，我们可以多做一点点，帮助学生解决基本的难点和重点。例如，在教授统编教材三年级上册《大自然的声音》一文时，通过学习单，我们了解到，学生对于认读和书写词语其实是存在差异性的。对重点词语“呢喃”的理解和“奏、琴”的写法，存在一定的差异性。我们关注读音：你在哪里听到过“呢喃”？我们允许学生写错“琴”再进行纠正，支架在原来的基础上进行了添加，紧扣本课生词的教学重点和难点，及时反馈学生的学习情况，作为学习的评价，激发了学生的学习兴趣，让学生能够更好地学会迁移运用语言。然后，我们根据学生所了解的不同情况、不同需求，分不同的情况进行反馈：回忆生活经验，利用大自然的声音进行想象，写出你所了解的声音；看着图片，根据图片中的内容我们想起哪些曾经听到或者想到的声音；根据课文中所描写的动听的声音，进行有选择的摘录和积累。这样，不同层次的学生在语言材料的基础上，再次巩固本课所学到的知识。有些学生是新的知识的习得，有些是旧的知识的唤醒，还有的是简单的抄录。对于学习有困难的学生而言，减轻了学习负担；对于学有余力的学生来说，又是一种挑战。“关注学生的差异，是学生能够不同层面获取知识的基本准则。”[①]

① 冯晴．阅读教学与思维发展 [M]. 杭州：浙江教育出版社，2006.

CHAPTER 10

第十章

支架式教学的文体路径

文体就是作品的话语体式和结构方式。《义务教育课程标准（2011年版）案例式解读（小学语文）》中说："何谓文体？文体就是文章的体裁，是文章作品在结构形式和语言表达上所呈现的具体样式或类别。作者撰文是为了准确地表情达意，总要选择恰当的文章样式，这样就形成了不同个性的文章体裁。"① 教育专家周一贯认为："文体就是文章的基本类型，文体特点是许多篇同类型文章中概括出来的规律性。"②

不同文体有不同的教学方法，如教说明性作品，就要重点抓说明方法，品读、感悟重点词句的特点，了解全文的说明顺序和结构特点；而教叙事性作品，则要关注情节和人物形象，分析人物形象描写，掌握人物思想和性格特点。因此，在支架式教学理念中，每一种文体的创设路径都有所不同。

第一节　记叙文的支架式教学路径

一、总概

教师在设计记叙文教学时，可以尝试从单元整体出发，围绕单元目标，对学习内容进行系统规划和整合设计，关联相关内容，形成学习合力，落实单元语文要素，发挥单元学习价值。要如何进行记叙文支架式有效阅读教学呢？通过一次次的实践教学，多次"肯定"与"否定"，我们对其有了一个新认识，逐渐摸索出支架式记叙文阅读教学新路径（如图10–1所示）。

① 朱家珑．义务教育课程标准（2011年版）案例式解读（小学语文）[M]．北京：教育科学出版社，2018.

② 周一贯．小学语文文体教学大观[M]．上海：上海教育出版社，2017.

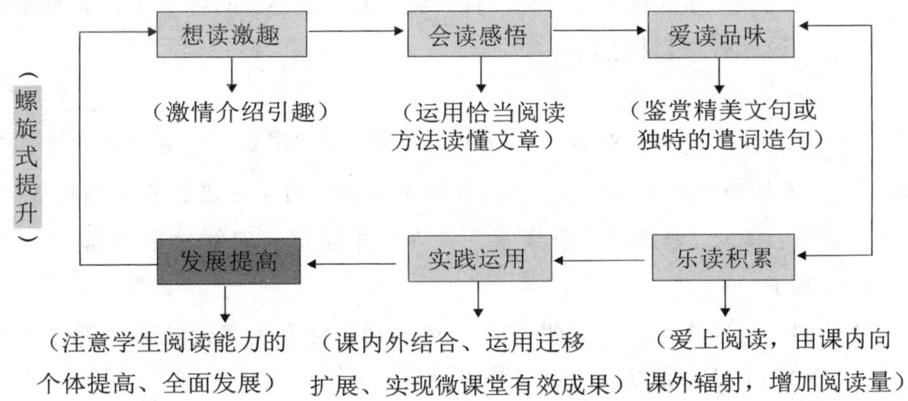

图 10-1　支架式记叙文阅读教学路径

所有的记叙文阅读教学，我们需要根据新课标的要求，挖掘依附在文本中富有教学价值的素材，分析学生的认知结构与水平，通过教学设计，运用现代教学手段和诸多教学资源，构建一条有助于促进学生积极参与、主动探究的最优化的教学支架，保证教师上课的条理性、连续性、层次性，促进教师的主导与学生的主体高效结合，让学生学得轻松、扎实，激发学生主动伸手去摘取智慧果实的积极性，切实提高课堂教学的实效性。

（一）目标支架严谨有序

教学目标是预期的学生学习结果，教学活动以教学目标来定向控制，因此教学目标要有预设性，使整个课堂教育织成一张知识网，严谨、有条理，真正将阅读教学中的智慧元素及有效基因运用在阅读能力培养中，建立起符合学生实际特点的教育价值体系。

我们可以列出语文阅读教学目标层级表（见表 10-1）：

表 10-1　语文阅读教学目标层级表

分类	识记	理解	运用	评析
		了解 分析	掌握 迁移 创造	欣赏 鉴别 感受
字词				
阅读				
写作				

以课外阅读《苏武牧羊》为例，在“学会运用语言”的环节中，教师依据教学目标表，设计教学目标如下：

①识记：借助图片、联系上下文理解“旌节”“怀揣”等词语的意思，了解社会背景。（借助“旌节”图，了解旌节的重要性，为学习进行背景铺垫）

②理解：借助“旌节”这条线索，梳理故事情节，理解故事内容。（掌握课文主要内容）

③运用：通过“找感动—明写法—读出情”的方式阅读故事，感受人物形象。（重难点）（学会说话，尝试举一反三）

在这一环节，教师需要根据学生的现状把学生引导向“最近发展区”，如果学生已经学会将这种表现手法迁移运用，我们可以大胆尝试设置情境，进行写话训练。从词语到句子再到段落，从文本内到文本外，从知识技能层面到能力目标，层次清晰，定位准确，循序引导，使学生可以从文本内容学习自然过渡至表达方法的运用，学会语言组织的本领，教会学生由浅入深构建自己的学习支架。

（二）问题支架由浅入深

1. 问题由浅入深，层层深入

课堂问题设计、解决要有梯度，环环相扣，对同一系列的问题进行设计时，要合理安排提问的顺序，以问题为引导，依附知识线、情感线双向进行，构建合理的问题支架，让学生在自主学习的基础上合作探究，以统编教材五年级上册《慈母情深》为例（如图 10-2 所示）：

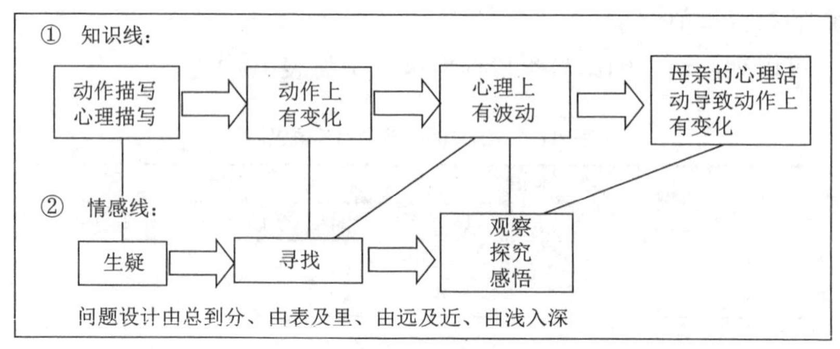

图 10-2 《慈母情深》问题支架

教学活动将教师的引导与学生的学习有效结合，资源从这两条线中生成，经教师有意整合，知识要点从学生的思考中生成，呈现的教学环节井然有序，深入浅出，层层递进。

2. 形式从发现到运用，步步推进

一位教师在教授统编教材三年级下册《火烧云》这一文表示颜色的词语时，就是循序渐进，运用图文结合的方式，建立资源型支架，感受色彩美。

师：让学生画出这段话中表示颜色的词，并观看火烧云的图片加深印象。

红彤彤

葡萄紫

半紫半黄

生：快速从语句中找到相关颜色的词语。

（学生初步掌握各种表示颜色的词语）我们可以进入更深层次的学习。

师：引导学生为这些词语分类，让学生发现这些表示颜色的词语中有“ABB”“半……半……”“事物名称＋表示颜色的字”三种类型。

生：金灿灿、绿油油、半黄半绿……从大量的词语中找到词语组成规律。

（不难看出，学生从量的积累上升到质的飞跃了。接下来，教师可以引导学生达到“领悟”的层次）

师：适时进行词语的拓展，并尝试在描写花展、霓虹灯等语境中运用不同类型的表示颜色的词语。

生：春天到了，公园里举行了别开生面的花展，你瞧，有红彤彤的鸡冠花，有黄澄澄的太阳花，还有葡萄灰色的百合花，五颜六色，各式各样，好看极了！

一步一个脚印，遵循学生的认知规律，层层深入，提高了教学的实效性。

（三）反馈支架多样化

1. 反馈形式多样

教师要根据班级学生的实际情况，按照知识的生成、发展和应用的顺序掌握平衡，设计各种各样的反馈支架，使学生可以根据自己的需要择优选取。

（1）操作型训练：带着自己的特长去动手，是一次才能的展露，更是对学生的一种刺激和挑战。

活动形式为绘画、实验、制作，适合动手能力强的学生，让他们在动手的过程中理解知识，并学会迁移运用。

（2）作品型训练：通过文学创作，把知识内化为自己的理解并用文字呈现。

活动形式为创作佳作、汇编成册、制作手抄报，适合喜欢文学创作的学生，激发他们的创作欲。

（3）表演型训练：好玩、好表现是孩子的天性，表演型作业是学生对知识进行吸收后的再创造。

活动形式为排演课本剧、朗诵、讲故事，或者根据课文内容排练一个小品。上述训练适合爱上台表演的学生，有利于学生在展示自我的同时，提高学习兴趣。

2. 反馈分层评价

教学目标是分层制定的，作业也需要分层评价，设计不同层次和内容的评价标准，在评价中让每一个层次的学生都能获得成功的喜悦。对于第一层次的学生，教师应以进步程度为评价重点，培养他们的自信心；对已经达到第二层次的学生，要引导他们向第三层次跨越。通过作业分层评价，让学生有标准可循，提高学生的学习效率。

记叙文支架式阅读的文体路径基本上可以概括为“品读文章导读—聚焦图片、背景—寻找兴趣—指导引读—逐层挖掘—适度拓展”。不过记叙文中有不同的体裁，我们要依据体裁的不同设计相应的支架式教学路径，下面就以散文和小说两种体裁为例来对支架式教学的文体路径进行具体阐述。

二、散文

在统编教材选文中，散文的篇目比例毫无疑问是最大的。散文教学就是要关注作者个性化的语言经验，通过语言文字去追索作者想要表达的情感。[①] 散文的掌握需要学习支架的辅助和推动，教师在教学时应巧妙搭建学习支架，促使学生在学习时能整体关照文本，精选学习内容，串联关键词句，达成对文本的理解与构建。

（一）把握学情，设定目标支架

学情是教师把握教学内容、掌握教学重难点的重要事实依据，教师需要摸清学情，准确把握住学生的学习状态以及学习过程中的“卡壳”点，有针对性地准备教学支架，施以适当的点拨、支持、引导、协助等更为科学的教学行为，帮助学生转变学习思路，改善学习方法，跨越关卡，加深内容理解，实现散文学习能力的提升。因此，我们应当借鉴新课标中的教学目标要求，对照学情，结合新课标的教学方法搭建最为恰切的教学支架。

（二）激发兴趣，搭建情境支架

散文所表达的情感往往具有鲜明的独特性，不对作者当时当地创作散文的背景进行了解和探究，不对作者个人的经历进行考察，学生很难准确体悟文中的情感思想。因此，依据具体教学情境需要，为学生链接创作背景支架，提供作者的个人资料卡，创设教学情境，是达到散文教学目标的必然要求。[②] 下面以统编教材五年级下册《四季之美》为例，说明支架式教学理论中情景设置对于散文教学的作用。

①搭建支架，激趣导入。
②播放图片，感受四季之美。
③学生背诵春夏秋冬的古诗。
④师生配乐背诵杨万里的《小池》。

师：春有百花秋有叶，夏有小池冬有雪，真可谓（出示单元页，学生读）“四时景物皆成趣”，这节课我们一起来感受日本女作家清少纳言笔下的四季——《四季之美》（学生齐读课题）。

---

① 薛法根 . 文本分类教学·实用性作品 [M]. 福州：福建教育出版社 , 2016.

② 王荣生 . 散文阅读教学设计的原理 [J]. 语文教学通讯 , 2012(11): 29–36, 64.

以语文的方式进行课前交流，引出四季之美，提高学生学习兴趣，为接下来的学习做好铺垫。再以“一年四季各有各的美”，引出本单元的人文主题“四时景物皆成趣”，从而导入新课《四季之美》。支架式情境导入，朝向教学目标，联系学生的生活实际，搭建情境支架，不仅激发学生兴趣，还能水到渠成地进行接下来的散文教学。

（三）探索求知，搭建程序支架

教师在散文教学中，应该注意观察并发现学生学习中的问题，因材施教，搭建有针对性的教学支架，尽可能地帮助每位学生顺利探究学习内容，进行独立的学习思维活动。下面以统编教材六年级上册第八单元为例。

1. 搭建资源型支架

本单元的教学，教师可引导学生借助文本中的相关资料，与文本发生互文作用，帮助学生自主建构知识体系，从而理解课文内容。

从表 10–2 可知，整个单元中的助学资料，包括人物简介、注释、阅读链接、鲁迅名言等，形式多样，既有文字资料，也有图像资料；除了鲁迅本人的名言，也有名家对鲁迅作品的论述和注解，作为学生阅读文本的有力补充，丰富学生的认知，拓宽视野，帮助学生深入理解课文内容，感受人物形象。通过资料的介入可以帮助学生建构新的知识体系，促进对课文内容的理解。如鲁迅的散文《好的故事》写于现代文学的初创时期，语言表达晦涩难懂，文中又多处使用象征手法，因此，教师要引领学生借助资料突破这些教学难点。请看教学片段：

表 10–2 统编教材六年级上册第八单元助学资料编排情况

课文	资料内容	资料作用
单元篇章页	现代诗节选、人物简介、插图	初步感受人物形象
《少年闰土》	注释、插图	理解课文内容
《好的故事》	注释、插图、阅读链接	理解课文内容
《有的人》	课前导读、插图	感受人物形象
《语文园地·日积月累》	鲁迅名言	感受人物形象

①产生需求。请再读读课文的开头和结尾部分，在你不理解的地方标记问号。

②梳理问题。根据回答，归并问题：为何作者说真爱这好的故事？总记得这好的故事？这美好的梦境和昏沉的夜有没有特殊含义？

③寻求方法。我们有什么办法可以帮助自己读懂文章？讨论并小结：我们在阅读时可以结合当时的社会背景和一些拓展资料。

④阅读资料。分步出示资料，谈感受。

资料一：课后“阅读链接”。

资料二：教学用书中《野草》相关资料。

资料三：方令孺女士《在山阴道上》和王一梅《“桃源”梦境与孤独者》关于《好的故事》的评论。

⑤归纳方法。

初学此文，学生能够从文字中初步感知梦境的美丽、幽雅、有趣，能够发现文字写法上的特点，但对于好的故事与昏沉的夜背后的象征含义及作者为何说真爱这好的故事等深层含义却参悟不透。六年级的学生经过循序渐进的训练已经熟知借助资料帮助理解的学习方法，并已经具有一定的处理信息能力，因此自然地生发了借助资料进一步读懂文章内容的内在需要。教师借机引入教材的助学系统资料和课外的互文资料，这些资料瞬间与学生的信息储备产生碰撞，继而相互交融。“作者借‘好的故事’表达自己内心的孤独、怅惘和苦闷”“作者借梦境表达对‘好的故事’的朦胧向往和追求”等文本隐含的情感便在学生之间的相互碰撞、教师的有机引导中逐步走进了内心。

教师只有充分了解学生的阅读基础，紧密关注教材的难点及其背景的关联性，才能洞悉学生阅读中的心理需求，在学生思维阻塞时引入课外资料，铺路搭桥，让学生借助外力化解难点，走上融会贯通地理解文本的“快车道”。

2. 建立情感型支架

“转轴拨弦三两声，未成曲调先有情。”语文教学中，不仅是要让学生读懂文章中的字词和句子，更重要的是让学生理解文字背后隐藏的主旨以及作者赋予这些文字的独特情感。

执教《好的故事》时，教师可以首先借助课后阅读衔接一，提示关键词“希望”，理解作者写作的目的；然后，借助课后阅读衔接二，圈画关键词句，理解对比的写法；接着，了解创作背景，抓关键信息，了解现实的黑暗；最后，通过配乐引读，再次感受梦境的美丽、幽雅和有趣。学生的理解和情感在一层层的有目的的课外资料运用中得到升华，朗读情感深厚，引起共鸣。教师在授课时需要找准时机，借用课后习题，为学生搭建通向情感世界的桥梁，不仅能激活学生的情感，更能让学生在激荡的情感中体会作者那份发乎情理、言为心声的思想情愫，进而形成积极向上的价值观。

3. 建立合作学习型支架

当独立思考不能解决问题时，同伴之间互相交流，集思广益，扬长补短，互帮互助，甚至借助头脑风暴的形式，就能顺利解决学习难点。这样不仅有利于散文学习进程的推进，更有利于培养学生分享、合作、组织、协调的综合学习能力，增强了同学们的团队凝聚力，符合新课标注重培养学生核心素养的要求。以统编教材五年级上册《四季之美》的第三环节运用“春之黎明”的学习方法，同桌合作学习夏、秋这一环节并进行具体说明。

①教师出示学习提示：从夏、秋中选择喜欢的季节，按照“抓住语句—想象画面—感受美丽—读出情感”的学习步骤进行学习，并与同桌分享自己的学习成果。

②感受夏之夜晚。教师引导学生比较朗读，体会动态描写，想象月夜美丽的画面。

③播放视频，创设情境，全班齐读。

本部分教学，教师充分运用协作学习、互助共进的教学实施策略。在学习这部分内容之前，教师已经和学生一起通过一系列的学习操作，感受了春之黎明的动态美，教师在此时搭建学习方法支架是再合适不过了。教师提出让学生们按照“抓住语句—想象画面—感受美丽—读出情感”的步骤去咀嚼文本语言的建议，实质上就是在构建教学支架。第一个支架：概括“春之黎明”的学习步骤。第二个支架：同桌合作，以“春之黎明”学习为基础，运用“抓住语句—想象画面—感受美丽—读出情感”这样的步骤，同桌合作交流，完成夏秋两段的学习，这样遵循“扶放”的原则，让所学习的语文方法迁移运用。第三个支架：运用“抓住语句—想象画面—感受美丽—读出情感”的步骤，勾勒出夏夜三幅画面，并引导学生体会夏之暗夜的动态美。第四个支架：运用多媒体，通过另一段萤火虫视频激发学生对夏夜之美的向往，再通过一名学生配乐范读、全班齐读的形式，用轻柔的语调营造出夏夜静谧的氛围，在朗读中升华情感体验。

（四）迁移拓展，搭建评价支架

新课程改革强调的新型评价标准是评价主体多元化，在肯定教师评价的同时也要重视同学互评、学生自评。对于学生而言，每一种评价声音和评价结果都是促使他们更进一步学习的支架。

散文教学没有固定的一成不变的教学步骤与模式，支架式教学在其中的应用也无异于为散文教学提供教学范式或者脚本。因为散文的概念外延十分深广，包含了许多种类。写人、记事、绘景甚至是文化类散文不一而足。任何试图为散文教学安置模式的做法都存在“搭配不当”的风险。

支架式教学的应用重点在于为教师提供可以借鉴的提高散文教学效率的实施策略，意在通过教学支架的合理搭建，引导学生深入散文学习的过程，促进学生深度学习，提高学生的散文学习能力。以上罗列出来的支架式教学在散文教学中的应用策略并无固定排列顺序，一切以学生的散文学习能力为依据，以提高教师散文教学效率为要点，依时、依文、依生灵活运用，优化组合。

三、小说

小说在统编教材中虽然占比不多，但是每一篇都有丰富的文学内涵，刻画了一个个极具生活气息和时代烙印的人物形象，讲述了一个个生动的带有烟火气息的时代故事。因此，在小说教学中，我们要努力发现并揣摩人物特征，感受语言表达的魅力。

（一）降低难度，巧设学习支架

教师在教学中为学生搭建“向上攀爬”的支架，能够助力学生自主、有效地完成学习任务，降低学习难度，提升学生的学习能力。记叙文的学习更需要学习支架的辅助和推进，教师教学时应巧妙搭建学习支架，促使学生在学习时能整体观照文本，精选学习内容，串联关键词句，达成对文本的理解与建构。以统编教材五年级上册《牛郎织女》一课为例，教师在教学时搭建好一级级循序渐进、螺旋上升的阶梯，让学生可以借助阶梯式学习支架，提升学习能力，落实语文要素，形成良好的语感。

1. 绘制人物关系图

《牛郎织女》一课人物关系错综复杂，在学习复述故事内容之前，首先引导学生绘制人物关系图（如图 10-3 所示），厘清人物之间的关系，为后面的复述奠定基础。

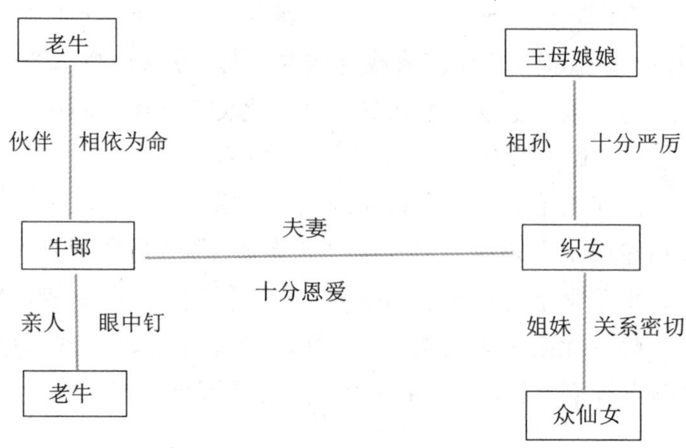

图 10-3 《牛郎织女》人物关系

2. 借助内容图，增补故事情节

人物关系梳理清楚之后，学生开始梳理故事的主要情节，展开复述。教师出示带有提示语的故事情节图，构建与文本内容适宜的故事情境，引导学生认真填写图中空缺的内容，进而走进故事，梳理情节，大大降低了复述的难度，使学生在复述时更加有条理。复述故事以后，教师引导学生展开想象，增补故事情节，指导学生充分展开情节，发挥自己的想象力，补充语言、动作、神态、心理描写。围绕设计的三级学习支架，在层层推进的过程中，学生由一开始的生疏、断续到后来的熟练、连贯，直至最后能有创造性地表达，其间经历了一个内部语言向外部语言转化的过程。这种层级性的设计契合了学生的思维发展规律，激活了学生的言语创造力，促进了学生语文素养的发展与提升。

（二）激活思维，搭建问题支架

问题支架是教学过程中最常用的一种支架，教师通过一系列有逻辑的问题，启迪学生思维，引导其积极思考、理解和内化知识。传统的小学教学中，问题指向比较单一、零碎，教师容易将小说三要素割裂，一项项进行具体分析，学生难以形成深切体验并深入思考。以主问题为导向，搭建有序的问题支架，有助于学生主动进入知识学习，将感性认知逐步发展为理性认知，同时还能有效聚合思维，提高审美，张扬个性，发展核心素养。

以《牛郎织女》为例，本篇课文篇幅较长，信息量大，有价值的问题也很多，教师需要聚焦“人物”要素设置主问题，通过问题支架把知识立体化，并把情节分析、主旨探究和表达艺术赏析融入其中。我们可以设置三个主问题：（1）你们对牛郎、织女印象最深刻的是什么？用一个字或者一个词语来概括。（2）小说中，其他人物最能记住牛郎、织女的又是什么呢？（3）《牛郎织女》中让你感触最深的神奇之处在哪里？三个主问题的设置，让课堂教学有了抓手，有理有序，可以帮助学生更好地理解文本，提高听说读写的能力，获得更深层次的思考。又比如，《城南旧事》的导读问题设计中，可以问学生“冬阳·童年·骆驼队”中的文眼是什么？学生一看很容易明白，“冬阳”使文章充满了感伤、温暖相互交织的情绪基调，“童年”揭示了文章的主题，而“骆驼队”则是贯穿全文的一条线索。三个词语的结合，勾画出了作者林海音记忆深处的童年印象，营造出了一种深沉广阔的意象空间和情感空间，所以题目就是这篇文章的文眼。再如，对小说《汤姆·索亚历险记》进行导读课教学时，教师提出的第一个问题支架是：这个书名的题眼是什么呢？学生经过思考、讨论给出答案：“历险。”由此学生明白了，这部小说是写主人公的冒险经历。教师通过提问，让学生跟随教师的脚步，主动思考，从而产生深入阅读的兴趣，不仅可以拓展学生的思维空间，还可以提高学生的学习能力。

（三）提升审美，巧用影像支架

很多经典小说都被拍成了影视剧，影视作品真实生动地展示了时代背景、情节发展、叙事结构、人物性格，从而突出小说主题，可以强化学生对小说的理解与领悟，让学生通过电影获得身临其境的体验，所以，影视资源为学生整本书阅读教学提供了便利。我们可以利用多媒体教学，巧妙地把相关影视资源引进课堂，为学生阅读小说提供“影像式支架”，把学生因年龄小、阅历不足而无法感知的抽象内容变成有声音、有图像等具体可感的内容。结合小学生心理年龄特点，在指导学生进行整本书阅读的过程中，利用“影像式支架”，让学生熟悉小说背景，总览小说全貌，对提升学生的小说鉴赏审美意识和能力也有很大帮助；“影像式支架”在带给学生强烈感官刺激的同时，极大地调动了学生的阅读积极性，学生从被动式的接受转为主动关注，对整本小说的阅读也会更有兴趣。比如，在引导学生阅读小说《城南旧事》时，可以将电影《城南旧事》中的几个相关片段巧妙地引入课堂：英子在看骆驼咀嚼的时候，看得多仔细，看骆驼的脸、牙齿、大鼻孔、咀嚼的动作，甚至自己也情不自禁动起嘴来……此时，可以让学生把电影片段和小说内容联系起来，去揣摩此时英子内心的想法，用想象去填补眼神中、动作中所包含的内容。骆驼虽然丑但并不让人讨厌，这是一个孩子的最真实的想法，也表现了英子的可爱和天真。

（四）迁移运用，活用范例支架

老师在课堂上可以为学生提供精心选择的、具有典型性的示例，将学习要求清晰、直观地展示出来，让学生明确学习任务和方向，推动教学顺利进行。

细读《景阳冈》“武松打虎”这部分内容时，老师可以让学生们重点关注描写老虎动作的词语，引导学生感受这些动作背后的意义，从中体会武松的人物形象。随后，教师引导学生通过学习老虎动作，重点关注武松“三闪”，从中又可以感受到武松新的人物特点。

总的来说，让学生学习范例的同时，可以将范例中学到的方法运用到其他同类小说的阅读中，这有利于将学生的小说阅读向正向引导。统编教材提倡学生多读书，读整本的书，但对于中低年级学生而言，读整本的长篇小说颇有难度，如果把思维导图作为学生整本小说阅读的范例，就会收到很好的效果。

第二节　说明文的支架式教学路径

说明文是说明事物的文体，在各个学段的语文教材中都有选编。与记叙文和散文等文本相比，说明文更加注重理论知识的表达。教学支架的应用可以使说明文阅读教学程序更加有序，让学生以更加清晰的思维去理清文本结构的顺序。这也是进一步分析文章的基础，促使学生在明晰文章内在逻辑的过程中不断发展他们的思维品质。在对说明方法展开教学的过程中，教师需要结合学生心理发展特点，适当地搭建教学支架，给予学生一些学习策略的帮助，与学生开展一些师生互动的学习活动，或者引入一些有趣的知识等，以此为基础，培养学生的自主学习能力，引导学生关注不同说明方法的使用效果和不同作者的运用技巧。

一、理清结构，搭建认知支架

在“支架式教学”理论指导下的说明文阅读教学中，教学如何展现说明文的独特魅力，如何更有效地培养学生的思维能力、语言运用能力、审美能力等，都与教学支架的选择密切相关。

在事物说明文的阅读教学中，教师可以根据学生不同的学习情况尝试搭建“认知支架”，协助学生在说明对象繁复详尽的介绍语言中删繁就简，突出重点，抓住文本的基本大框架，揭开说明对象的神秘面纱，以求对文本有一个简单粗略的认识。比如，统编教材五年级下册《金字塔》中的《不可思议的金字塔》，考虑到文章阐述的对象特征多样，学生在规定时间内独立处理那么多的内容会出现遗漏，教师可以依据两篇文章的特点，创设认知支架，让学生结合教师提供的支架，进行内容的梳理归纳。这样具体可视化的图表，既检测了学生对文章的掌握程度，又为学生清晰呈现了说明对象的特征和文章的结构框架。[①]

学习任务一：

请大家快速默读两篇短文并思考：关于金字塔你有了哪些了解呢？可以在文中圈出关键信息，也可以在关键部分做上批注。

学生自主学习，教师随机指导。

学生把关键信息以板贴的形式张贴在黑板上。

预设：

《金字塔夕照》：古老的金字塔，金字塔外形像“金”字，是人类劳动和智慧的结晶。

《不可思议的金字塔》：世界上最大的金字塔是胡夫金字塔。金字塔很大也很重，塔原高 146 米，建于公元前 2600 年左右，塔身是用 230 万块石材砌成。尼罗河定期泛滥有淤泥。古埃及人在天文、数学等方面取得了很高的成就，具

① 丁泽丰，池国龙．试谈实用文阅读教学的两面 [J]. 语文教学与研究，2013(16): 10−12.

有精湛的造船技术。

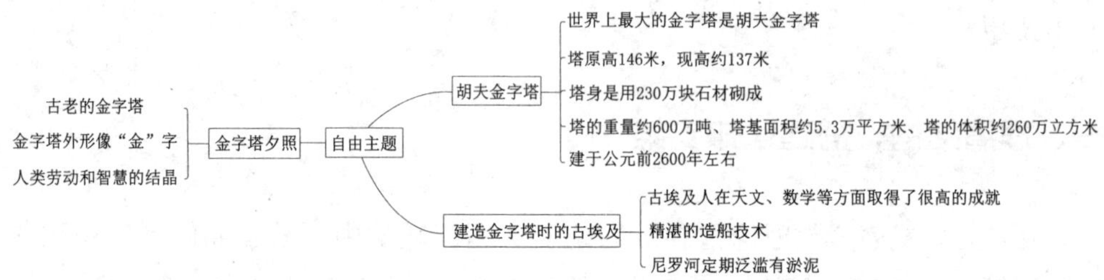

在支架的帮助下，学生能将文章的重要内容完整罗列，通过进一步梳理全篇的重要信息，发现一目了然的框架线索也能激发学生的学习积极性。

相较于事物说明文而言，事理说明文阐述的道理往往比较陌生和复杂，教师可以搭建认知支架，发挥其简化和降低学习任务及难度的作用，帮助学生将文章中所谓的抽象化的要点具体化。教师可以先为学生提供一个文本思路图的简单框架，然后引导学生去关注段与段、句与句甚至词与词之间的联系，勾画中心句，抓住关键要点，绘制示意图，最终达到能自己建立文本并理解的基本结构和内容表征的目的。下面以统编教材六年级上册的《宇宙之谜》为例简单说明。

板块三：学法迁移，完成任务二

1. 过渡：下面让我们继续利用这种阅读方式，开展第二个阅读任务的探究学习。

2. 出示任务二：科学家是怎么判断其他星球有没有生命的呢？

3. 方法交流

（1）需要关注哪些内容？（第 3 ～ 8 自然段）

（2）表格如何使用？（结合对各大行星是否有生命存在的条件进行判断，不符合的打 ×，没有提到的不必进行判断）

（3）示例水星的填写方法。（这其实也是一种有目的的阅读：先找到描写水星的语句，提取信息，进行判断，得出结论）

4. 填写任务卡

行星	生命存在的必要条件				结论
	适合的温度 一般在 -50℃～150℃	必要的水分	适当的大气	足够的光和热	
水星					
金星					
木星、土星、天王星和海王星					
火星					

5. 交流方法：提取信息，梳理表格

6. 小结：根据第二个阅读任务，我们采取梳理表格的方法，结合关键信息做出判断，得出结论。

学生有了此支架，也能够更加快速地拾级而上，运用此支架获得信息或者理解段落篇章之间的逻辑，为接下来更加深入理解说明对象和探究说明文特色奠定坚固基石。

二、营造氛围，搭建情感型支架

说明文教学需要尝试贴近学生的实际生活，拓展和丰富学生的经验。教学支架的搭建，可以帮助学生深入文本，真正理解文章所阐述的实例，读懂说明对象，准确把握文本中心内容。

贴近文本，创设情感支架。教师通过创设相关学习情境的支架，让学生与本堂课的教学内容产生一定的联系，激发学生的探究欲望。教师在教学正式开始之前，要把握学情，创造性地构思情境、导入情境，让学生在导入情境中感受文章的氛围和情感，养成良好的阅读习惯。

板块一：课前谈话，激趣揭题

1. 导入新课

（1）板书：宇宙。

（PPT 出示）四方上下谓之宇，往古来今谓之宙。——《淮南子·齐俗训》

师：宇，指的是无限的空间；宙，指的是无限的时间。宇宙，就是指无限的时间和空间。

对于宇宙，对于这个神秘的“天上的世界”，人们一直都充满着向往，由此也有了许多美妙的传说，如：嫦娥奔月、九天揽月、牛郎织女、仙女下凡……充满着人们无限的遐想。

（2）（再来看一段有关宇宙的视频）播放视频片段。

（3）提问：这个微视频中人们在探索有关宇宙的什么问题？（板书：宇宙生命之谜）

（3）完成板书。是的，一直以来这都是个十分吸引人的话题。有位爱好天文学的同学，也产生了同样的问题（PPT 出示：宇宙中，除了地球外，其他星球上是否也有生命存在）。根据这一目的（板书：目的），这位同学找到了这篇文章。这也是我们这节课的第一个阅读任务（板书：任务）。

通过举例，我们可以了解到，在教学过程中，教师可以根据学生对说明对象特点或者事理的理解情况，以学生的生活经验或者学习经验为支撑点，搭建情感型支架，将学生有限的认知与文章阐述的事理或事物特征勾连起来，激发学生的学习兴趣，调动学生的学习积极性，帮助学生顺利进入下一阶段的学习。

三、运用资料，建立资源型支架

在说明文阅读教学课堂中，面对学生完全不理解甚至没有接触过的说明对象，教师可以适时搭建资源型支架，如图片、视频、实物教具、背景知识的拓展、相关资料的外延等，突出对象的显著特征，帮助学生理解作者所介绍的对象及其独特价值。一方面是针对事物说明文，这类说明对象一般形象性较强，教师可以在课堂中向学生展示实物教具或出示说明对象，让学生有最直观的感受。另一方面是关于事理说明文，教师可以引入相关内容，让学生能够在阅读过程中结合引入的信息去印证所说明的内容，更加全面地掌握事理，加深自己对说明文信息的理解，还能揭示文字背后隐藏的作者态度。

四、思维设计，建立程序型支架

学生的思维与理解操作能力本来就具有不完备性，为了更加合理地指导学生的阅读学习与实践，教师需要为学生搭建起程序型支架，让学生在阅读中有发现、有操作。首先，教师可以利用精心设计的问题，引导学生深入文章内容，去观察、去思考说明对象与说明方法之间是如何联系在一起的，是怎样发挥其价值作用的，以及产生了怎样的效果等。学生在这些具有探究性价值的问题中学习和理解相关说明方法，进一步感受说明文的文体特点和魅力。其次，教师可以搭建活动型支架去引导学生进行文本内或者文本内外的对比分析，让学生感受不同说明方法或者不同文本之间说明方法使用上的技巧和作用。下面以统编教材五年级下册《金字塔》第二项任务为例简单说明。

学习任务二：再次默读课文，这两篇短文除了具体内容上不同，《课堂作业本》里提示我们在介绍金字塔语言风格和介绍形式上也有不同。同桌合作，完成学习单第三题。

篇目	具体内容	语言风格	介绍形式
《金字塔夕照》	金字塔在夕阳下壮观的美景以及作者的遐想		
《不可思议的金字塔》	介绍了胡夫金字塔和建造金字塔时的古埃及		

1. 学生根据表格初步交流学习。（对比反馈补充）

预设：

篇目	具体内容	语言风格	介绍形式
《金字塔夕照》	金字塔在夕阳下壮观的美景以及作者的遐想	语言生动优美，感情真挚	以文字的方式进行描写
《不可思议的金字塔》	介绍了胡夫金字塔和建造金字塔时的古埃及	语言精准简练，信息量大	用文字、图片、数据和问题等说明方法

支架在这一环节中的搭建要致力于发挥学习说明方法的重要效用，提升学习者独立阅读的能力，直至他们不再需要教学支架的帮助，独立自主进行阅读分析，这才是创建程序型支架的目的。

五、从生出发，建立活动型支架

活动型支架具体体现为以下几种活动形式：其一，对比阅读游戏。可以是文本内对比，也可以是文本内外进行对比，利用支架让学生自己去发现说明文特殊的写作方法，主动探究作者是如何将专业的科学道理和事实生动形象地呈现在我们面前的。学生在审美上受到熏陶，在能力上得到提升，细心品味语言风格，进一步促进语文素养的全面发展。其二，读写活动。教师创设相关的读写活动支架，让学生尝试将文中的说明对象特征或是说明内容由传统的语言转述转变成第一人称自述，这既能支撑学生更深层地领会文本内容，训练了学生阅读归纳的能力，又能有效使用文本中现成的材料进行说明文写作技能的训练，增强趣味性，同时也为下一阶段说明文简单的写作打下基础。

综上所述，说明文教学过程中教学支架的搭建不仅是为了让学生简单理解文章，而应该是理解与运用的并重，一直指向的都是促进学生语言、审美、情趣等能力的发展和关键性知识的把握。当然，说明文的学习不仅局限于此，还应多角度地学习说明文，综合运用各种教学支架，从而发展学生各方面能力，获得多重体验感受。

第三节　议论文的支架式教学路径

议论文在小学语文教材中所占篇幅极少，其中统编教材中主要是《为人民服务》和《真理诞生于一百个问号之后》两篇课文。虽然议论文不是小学阶段语文教学的主要任务，但是在议论文的阅读教学中，如何搭建学习支架，让教学有迹可循，最终提升学生的理解能力和思辨能力，是值得教师们思考的问题。

一、明确论点，搭建句式支架

议论文需要明确表达自己的观点，主张什么，反对什么，都要清清楚楚、态度鲜明，不能含含糊糊，通过了解表达观点的常用句式，如“……是……”“……要/应当/必须……”等，引导学生迅速捕捉到文章表达观点的句子。如统编教材六年级下册《为人民服务》一文，文题即论点；《真理诞生于一百个问号之后》一文，文题和第一段均明确地提出了论点。通过这样的感知，学生会形成初知：大多数议论文的论点，会呈现在文章起始段或直接呈现在文题上。遇到特殊情况，更要乘胜追击。有的议论文除了中心论点，还会有几个分论点，这样的分论点往往出现在每一段的开头或结尾。如《为人民服务》把“为人民服务”这个中心论点分解成“死的意义”“不怕批评”“团结互助”等几个分论点，教师要善于利用迁移，在学生发现中心论点的规律后，顺势而导，让学生寻找各部分表达作者观点的重点句，提炼出关键词，形成分论点提纲，有的放矢，事半功倍。

二、梳理思路，绘制架构支架

议论文中论证由前提和结论构成，其中，前提为结论提供理由，结论是被前提所支持的结果。同一个陈述，既可以是一个论述的结论，也可以作为另一个论证的前提。绘制论证结构图，可以清晰地了解作者的论证思路，在充分了解作者观点的基础上，作思辨性解读。

议论文的教学，推断观点、分析论证的过程就是思辨阅读的过程，教师需要搭建支架，引导学生从句式、论题等角度明确议论文的核心论点，并通过绘制结构图引导学生梳理作者推断的过程。

三、严谨推断，建立程序型支架

论证是通过断定一个或一些命题的真实性，借逻辑推理来确定另一个命题的真实性或虚假性的思维过程。严谨、确切的论证过程是作者说服读者最有效的方式。教学中我们可以从论证语言入手，通过比较、聚焦等程序性知识搭建学习支架，帮助学生真正理解议论性文章语言严谨、确切的论证过程，从而培养学生严谨的思维推理能力。①

议论文运用比较策略，引领学生在比较中发现引用、对比、举例等基本论证方法，在比较中感受论证的严谨。这样的教学，从具体的语言材料入手，更多地去关注表达，感悟论证方法，让学生从看似枯燥的文本中读出新鲜的东西，读出表达的特点，读出论证的理趣（如图 10–4 所示）。

---

① 薛法根．文本分类教学·实用性作品 [M]. 福州：福建教育出版社，2016.

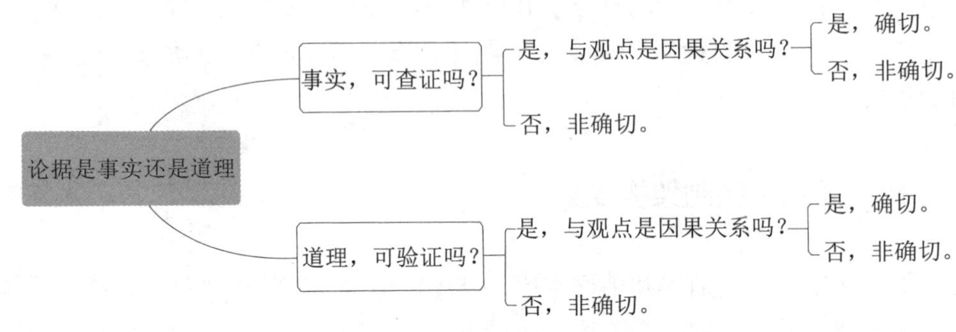

图 10–4　议论文中的比较策略

教师在组织学生研读《为人民服务》第一个分论点“死的意义”时，做了如下的教学推进：

（1）引发思考。这一段的四句话分别表达了什么意思？作者最终想说的是什么？

（2）比较辨析。出示改写后的语段：“人总是要死的，像张思德这样为人民利益而死，死得其所。”与第二段原话比较，哪一段话更有说服力？在交流中重点明晰三点：一是了解引用法，知道引用司马迁的名言，令人信服。二是了解对比法，它凸显了死的不同意义。三是了解举例法，明晰默默无闻、任劳任怨的张思德是为人民利益而死，死得其所，重于泰山，这是“为人民服务”最好的例子，也表达出了作者内心的崇敬与深切的缅怀之情。

（3）再度比较。尝试交换本段中的句序，读一读，明晰句序是不可以随意调换的，感受作者的论证是环环紧扣、有序展开、逐步深入的，感受论证的严谨。

搭建学习支架，从把握论据的确切开始，逐步感受论证的严密过程，对培养学生思维的严谨性具有重要意义。分析论证语言的严谨，有助于在信息爆炸的社会而混淆事实与观点的文章中做出正确判断。

四、探究方法，建立策略型支架

议论文教学，强调“联系实际进行质疑探究，养成独立思考的习惯”，以及

“发现疑难问题，独立思考，有自己的见解”。以“示范性指导”“知人论世”等策略性知识搭建学习支架，打开学生的思维“暗箱”，将潜隐的思维过程显性化，是培养学生质疑、探究、独立思考能力的重要途径。

（一）示范性指导，有理有据地进行论证

质疑是“用心搜寻证据”“确信证据充足”的思辨过程。学生通过显性的思维过程，可以将模糊的质疑变成理性的分析，从而提高思辨能力。课堂上教师要进行示范性指导，将教师的思维过程可视化，引导学生关注论证过程。

就学生的常规思维看，议论性表达最大的问题是“没有论证”，如常用简单归纳的“事例 + 结论”的思维模式写议论文。基于学生问题的示范性支架，能将论证的逻辑性真正植入学生的思维过程。因此，议论性文章的阅读教学，教师既要重视对论证过程的分析，更要重视学生通过自身经验分析、实验分析、调查分析等可验证的实证途径得到的“证据”。

（二）联结作者生平，精神的真谛

议论文的观点，往往会因受制于作者写作文章时特定的社会环境与相关知识领域的发展阶段，以及作者的经历和阅历等而出现争议。不仅如此，教学中学生还往往会囿于缺少必要的背景知识，以当下的眼光理解、批判作者彼时的观点，因而对作者的观点提出异议。显然，这种质疑对作者有失公允。这时，教师就要以作者所处时代背景及其生平作为学习支架，帮助学生正确、深入地理解并质疑作者的观点。这样的质疑才是积极的、有意义的。

以作者的生平和创作时代为学习支架，让学生从作者的角度理解作者的观点，继而明白“任何形式的写作，都是从一个特定的视点、角度出发，以一个特定的视角去感受对象，去观照世界，去思考和认识所需要思考和认识的一切”，学生便会不仅理解顾颉刚先生怀疑精神的实质，也理解自己怀疑的局限，更重要的是还会习得“带着作者的视角和自己的视角，去理解议论性文章”的方法。

综上所述，教学议论文用陈述性知识、程序性知识、策略性知识搭建学习支架，为提升学生的思辨能力提供台阶，不仅可以让学生在议论性文章的阅读中了解作者看待世界的角度和方法，还可以扩展学生思维的广度和深度，进而使学生掌握阅读议论性文章的思维过程和阅读策略，直至成长为实事求是、理性开放的未来公民。

第四节　应用文的支架式教学路径

人们在常态化的生活、学习和工作过程中，需要一种约定俗成的交流形式，便于彼此之间进行信息分享、观点交流、情感碰撞，这就是应用文。叶圣陶先生曾指出："写总结、打报告、撰写发言稿，写一份说明书，都需要语文能力。"指导学生写好应用文应该成为语文教学的重要内容。[①]

由表 10-3 可知，当下的统编教材应用文设置的整体性内容，从三年级的"学写留言条""写日记""写通知"到四年级的"写观察日记""写信"，再到五年级的"缩写故事""推荐一本书""写读后感""学写研究性报告"，最后到六年级的"写演讲稿""学写倡议书""学写策划书"等，不仅凸显了内容层次本身的严谨性，也与学生每个学段的认知规律和原始能力有着紧密联系。[②] 这种联系首先体现在学生需要完成的内容是从繁到简的，而且在表达的体量上也呈现出水涨船高之势，同时，习作对学生思维的深刻性和能力的要求也呈现逐年提高的趋势。基于统编教材编者编排应用文的这一特点，教师就可以在应用文教学中更加凸显学生的主体性，为研究制定教学目标、把握教学难度提供参照标准。

表 10-3　统编教材二至六年级应用文安排一览

教材序列	应用文习作具体内容	教材序列	应用文习作具体内容
二年级上册语文园地四	学写留言条	五年级上册习作八	推荐一本书
三年级上册习作二	写日记	五年级下册习作二	写读后感
三年级下册语文园地二	写通知	五年级下册综合性学习	学写研究性报告
三年级下册语文园地七	写寻物启事	五年级下册习作七	介绍一处中国的世界文化遗产
四年级上册习作三	写观察日记	六年级上册口语交际二	写演讲稿
四年级上册习作七	写信	六年级上册习作六	学写倡议书
五年级上册习作三	缩写故事	六年级下册综合性学习	学写策划书

一、把握编写体系，搭建关联支架

不同的文体有着不同的创作要求，自然有着不同的阅读策略，不同的文体

① 吴海林．统编教材应用文习作编排特点及教学建议 [J]. 教育视界（智慧教学版），2019(9): 25-27.

② 夏绮云．重点习作训练要素比对研究与教学建议 [J]. 新作文（小学作文创新教学），2019(9): 30-43.

自然也就有不同的学习方法。统编教材在应用文编写体系设置上可谓是匠心独运，各种不同形式的助学资源非常丰富。由于很多种类的应用文，学生并没有直接接触过，编者就专门呈现了直观的范文示例，通过具体板块的批注加以解释，揭示了这一类型应用文写作的基本格式和要求，让学生在简洁的语言指导下进行言语实践，为教师直接讲述要求、指导教学提供了抓手。统编教材在编写的过程中不仅仅是揭示应用文写作的内容，更为关键的是给予学生以方法的阐释与提示。比如“写读后感”，教材给出了应用文的内容：“重点介绍让自己印象最深的内容，选择一两个让你感触最深的内容，写出自己的感想。感想要真实而具体。”随后，教材这样进行阐释：“可以联系自己的阅读感受和生活经验，也可以引用原文中的语句。”最后，寓导于阅读之中。应用文习作有时与单元中的精读类文本也有着千丝万缕的联系，教师要善于把应用文与单元的阅读教学结合起来。比如《学写观察日记》这个单元，编者就在两篇精读课文《爬山虎的脚》《蟋蟀的住宅》的课后习题中，设置了图文结合以及表格式的观察记录的题型，巧妙地将这篇应用文的写作指导与文本阅读有机地联系了起来。[①]

一般优秀的文章大多源于读者意识，因此，建立读者视角是写出好文章的必备条件。当下，习作教学最大的缺失就是读者意识的淡薄。学生写作时没有明确的写作对象，自然也就缺乏真实而可感的情境。一直以来，习作教学始终将关注点聚焦在写作内容和写作策略上，而对于为什么写、写给谁看的问题，则关注甚少。统编教材在编著应用文写作时，一直都将读者意识放在重要的位置上。

统编教材六年级上册《学写倡议书》中有这样一段提示：“如果你有一个想法希望得到大家的支持，并一起去实施，可以写一份倡议书，如号召同学们节约用水、不使用一次性用品，倡议居民进行垃圾分类……根据倡议的对象，将倡议书发布在合适的地方，如校园的公告栏、小区的布告栏、网络论坛。”这样的习作，源自学生交往的真实需要，具体明晰了写作对象之后，就能够真正唤醒学生的表达动力，并能够从对象的身份、特征等角度来激发学生的个性化创作，让学生真正认识到这已经不再是个人被动的任务，而是自身内心的真实需要。

---

① 吴海林．统编教材应用文习作编排特点及教学建议 [J]. 教育视界（智慧教学版），2019(9): 25−27.

二、利用模仿，搭建范例式支架

任何一门语言的习得都是从模仿开始的，正是有了父母不厌其烦地一遍遍对着婴儿说“你好、吃饭”等话语，孩子才有了使用语言进行交流的能力。范文所构成的言语图示就如同“相似块”，通过模仿训练，帮助学生从对学习的外显认知转化为自身技能内隐认知，并最终形成写作自动化。教师要注重利用儿童善于模仿的特点，为儿童提供范例式支架，这正好符合儿童喜欢模仿、善于模仿的天性，遵循了儿童成长的规律，给小学生模仿和借鉴的机会，从而提高他们的写作水平。

由于小学生的认知能力有限，他们在习作练笔的初期都是从模仿开始的。应用文的练习如此，应用文的教学更是如此。对于学生而言，应用文接触得相对较少，且各种不同的形式有着完全不同的要求，很多类型的应用文也基本上都是一次性操作，因此，范文的价值就显得尤为突出。为此，教师可以鼓励学生充分阅读教材中的范文，把握其中内在的认知框架和写作要点，让学生有章可循。比如，统编教材四年级上册习作七中就设置了学写书信的内容，教师除了在教学中明确什么是书信、书信的作用以及写书信时的注意点之外，还用较大的篇幅展示了一篇书信的范文。对于应用文而言，这样一篇书信范文就显得尤为关键，教师要准确地揣摩编者如此设置的用意，充分利用范文，为学生练写书信助力。

首先，可以从整体上认识书信的“样貌”，并紧扣编者标示的格式，让学生明晰书信的称呼、问候语、正文、祝福语以及署名、日期等。其次，组织学生阅读书信的内容，了解范文书信中所描写的内容，并就此进行交流，了解书信可以写哪些内容。最后，从这篇范文入手，在确定了写信的对象之后，可以写哪些具有针对性的内容。

一篇应用文的教学应该鼓励学生自主创作，但这种创造绝不能肆意妄为，而是需要有一定的规则。应用文习作例文就是要在认真研读的基础上，不断丰富学生的认知，在规则和范畴之中明确认知状态，真正为学生语言实践能力的生长而服务。

当然，范例式支架也有它的局限性，容易在一定程度上禁锢学生的思维，造成文章千篇一律、缺乏创新，所以，我们一定要对范例进行精挑细选，根据不同个性的学生提供不同的范例。

（三）依据学情，搭建情境式支架

兴趣是最好的老师，对于小学生写作来说，兴趣更为重要，如何激发小学生的写作兴趣呢？情境式支架通过提供给小学生一系列学习情境，激发学生的好奇心，给学生思考的空间和思路。在教师的帮助下，唤醒学生习作的热情，激发学生的兴趣，使其积极思考，出色地完成写作任务，增强自信心，减少挫败感。情境式支架作为支架的一种类型，是基于学生的“最近发展区”而提出的。

任何一种语言的学习都离不开真实而可感的情境，教师要根据学生的具体特点或创设的具有主观情愫的场景，积极地触发学生的态度体验，从而帮助学生从更灵活的角度感知所要学习的内容。一般来说，小学生的思维相对活跃，他们有着天真可爱的个性，始终都对陌生而新鲜的事物保持充足的好奇心。教师要保护好学生的这一份好奇心，采用表演体验、语言描述或播放视频等不同方式，积极构建与教学内容相适切的场景和氛围，将学生的身心意识和感官体验置于情境之中，从而激活学生内在的认知体验，唤醒学生的认知思维。

比如，在指导学生学写寻物启事时，很多教师认为这一篇应用文非常简单，稍微提醒一下格式、读读例文，学生就可以完成。事实并非如此，学生的认知思维是彼此关联的，只有充分利用了环境元素，推动学生思维一步步走向深入，才能最终触及学生内在的认知心灵，调动学生内在的认知性思维。基于此，教师可以组织学生结合生活经验，演一演丢失东西之后的样子。在情境感知的过程中，让学生思考一下：要想让读者能够帮助自己找回失物，应该以怎样的方式撰写寻物启事？如此一来，学生就能够在生动而富有真实感的情境之中形成丰富的认知体验。有了更加明确的目标和动机，其写作的内驱力自然也就被充分地调动起来了。

四、合作探究，搭建建议式支架

“建议式支架”是指当学生在合作探究或自主思考的过程中遇到自己解决不了的难题时，教师提供合理的建议，帮助学生更好地学习。首先，自己要深入地了解学生写作中遇到了哪些困难，就必须走进学生、亲近学生，让学生敞开心扉，把遇到的困难表述出来。“要有针对性”是指教师提供给学生的建议必须正好针对学生习作中的难题，也可以说是要“对症下药”。这样学生才能够理清习作的脉络，知道其中的关键所在，修改的时候才能不乱阵脚，做到条理有序。教师也可以针对学生的习作认真分析其问题所在，更好地为学生提出建议。

在习作教学中合理运用学习支架，能让儿童的言语智能在表达实践中穿越“最近发展区”时有所依托，为语言拔节助力，为习作扎根助力，更为实施有效教学提供有力的专业保障。

好文章不是写出来的，而是改出来的。修改完善在学生写作文的过程中具有重要的价值和意义。针对应用文的特点，教师除了要关注课文内容之外，更为重要的是要让学生从应用文的内容选择、语言表达等角度进行比照，鼓励学生在积极修改的过程中提升自身综合性语言表达能力。

比如，教学统编教材四年级上册《学写观察日记》这篇应用文时，学生完成了观察，并写好了观察日记之后，教师就可以从以下几个方面组织学生进行修改：第一，日记中所有的内容是否都源自自己的观察所得，引导学生用自己的眼睛观察世界，说实实在在的话；第二，关注是否对观察的内容进行必要的调整和删减，切忌面面俱到，该删则删；第三，与同伴进行交流和分享，将自己写好的作文朗读给同伴听，看对方是否能够听懂自己所描写的内容，如不能听懂，可以征求他们的意见，共同对描写的内容进行修改。

CHAPTER 11

第十一章

支架式教学的应用领域

第一节　支架式教学与识字写字

一、支架式教学融入识字、写字教学的意义

（一）帮助区分形近字、多音字、同音字，减少混淆现象

新课标中明确指出：“识字与写字是阅读和写作的基础，是第一学段的教学重点，也是贯穿整个义务教育阶段的重要教学内容。”① 可见，教师在识字、写字教学中要注重学生语言运用能力的培养。在小学第一学段语文教学过程中，学生容易出现混淆字词、张冠李戴的现象。低段学生知识储备不丰富，语言能力欠缺，中国汉字又有其独特性和复杂性，这都导致学生在学习过程中无法避免地出现字词使用不当的现象。而“支架式教学”理论融入识字、写字教学，有利于帮助学生加深对汉字的认识，让学生从汉字的构字方法和结构等基本特质出发，有效辨析汉字，减少汉字运用不当现象，提高语言运用能力。

（二）丰富教学形式，增强识写趣味

新课标指导教师在识字教学中要综合运用随文识字、集中识字、注音识字、字理识字等多种识字方法。小学阶段学生的注意力仍在发展过程中，思维水平较低，在枯燥的识字、写字过程中容易分神，导致学习效果差。现阶段教师在课堂教学中所采用的教学手段也比较单一，多以开火车、认一认、连一连等形式展开教学。同时，一些教师没有合理分配每一节课中的生字，集中识字和随文识字的方式结合不够巧妙，导致生字的复现率低。教学方法单一，课堂趣味不足，这都导致生字教学落实不到位，学生学习效果不佳。将“支架式教学”理论融入课堂教学，有利于教师利用汉字学习规律对学生进行指导，让学生从汉字的笔画、结构、字义等基本要素中发现汉字的特点与规律，减少学习中死记硬背的现象，降低学习难度，进而使学生更积极地参与到识字、写字学习中来，

① 中华人民共和国教育部．义务教育语文课程标准（2022 年版）[S]. 北京：北京师范大学出版社，2022.

提高学习效果。

（三）融合识字、写字，规范写字习惯

语文课堂中的识字教学，不仅要关注读，还要重视写，识字与写字教学应该穿插开展、有机融合。在实际教学中，部分教师将识字与写字分离，对写字的课时安排不够，在写字教学时只进行简单的引导，学生机械地完成写字任务，没有获得针对实际问题的准确指导，不仅降低了教学效果，还影响了学生正确写字姿势的养成。教师“应重视学生的写字姿势，引导学生掌握基本的书写技能，养成良好的书写习惯”[①]。支架式教学理论融入识字教学，有利于教师对学生进行系统有序的引导，在情境、协作等支架的帮助中，融合识字、写字教学，积极发挥学生的主动性，促进良好习惯的养成。

二、支架式教学理论在识字、写字教学中的应用

（一）游戏引航，识字趣味足

“支架式教学”理论强调学生在学习中的主体地位，这就要求教师在识字教学过程中充分激发学生的识字兴趣，这是学生主动识字的主要动力。因此，教学过程中，教师要精心设计适合学生身心发展特点的学习活动。其中，识字游戏是学生喜闻乐见的形式。识字游戏的类型有很多，除了比拼汉字认读，给生字换偏旁、加减笔画，“一字开花”等常见的识字游戏，教师还可以将猜字谜、唱儿歌、讲故事等活动游戏化，运用到识字教学中。

以统编教材一年级下册语文园地一“识字加油站”为例。这一板块中，集中出现了与天气有关的生字词语。在教学这些生字时，教师既可以联系课文中出现过的猜字谜形式，设计字谜让学生猜测，还可以鼓励学生举一反三，自主创编字谜。如“雷”——上能浇禾苗，下能长禾苗，上下相结合，响声震山河；“阵”——部分左边走，车辆靠右行。猜字谜这样游戏化的教学模式，能吸引学生参与课堂，让课堂氛围更活跃，达到了让学生主动学习的目的，还能够让学生在创编字谜、猜字谜的过程中，结合汉字的字音、字形、字义，感受汉字可

① 中华人民共和国教育部.义务教育语文课程标准（2022年版）[S].北京：北京师范大学出版社，2022.

拆分、可组合、可释义的特点，加深识记效果，提高学习质量。

教师还可以根据本课生字都与天气有关的特性，设计“天气播报员”的游戏。学生利用多媒体出示的视频或图片来做做天气预报播报员，用上“识字加油站”中的生字或词语，向大家介绍天气。在这一游戏过程中，学生将表示天气的词语和展现天气状况的图片、视频资料联系在一起，图文结合，加深了对词义的理解，还掌握了词语在具体语境中的运用。

游戏化的教学活动是教师在识字教学过程中可以加以利用的教学支架，为了更好地利用这一支架激发学生的识字兴趣，教师要认真研究、挖掘每组生字的共同特征，利用好生字在字音、字形、字义上的异同点，精心设计贴合生字特点、符合学生学习水平的教学活动，增加识字学习的趣味，吸引学生主动学习，提升识字教学效果。

（二）入情入境，识记更生动

学生在识字的过程中，容易因为生字数量多、学习形式枯燥、识记难度大等而产生畏难情绪。因此，教师需要结合识字内容，选择适宜的学习主题，创设学习情境。搭建情境支架，能帮助学生在情境中识字，入情入境，充分调动学生学习兴趣，减少畏难情绪。

教师搭建情境支架的方法有很多，可以借助教材中提供的情境图，这些情境图不仅充满生活气息，还具有趣味性，同时又关联着生字、词语等相关知识，图文结合的方式能帮助学生了解字义，加深记忆。教师还可以抓住汉字象形表义的特点来创编故事，搭建情境支架，不仅能帮助学生关联事物特点和汉字演变过程，还能让学生更清晰地感知到汉字字形和字义的联系，达到见形知义、以义记形的目的。当然，随着科学技术的发展，可以在课堂中更巧妙、更充分地借助信息技术来辅助良好情境的创设，为识字、写字教学服务。

以统编教材一年级下册《小青蛙》一课为例，这一课围绕着“青”字族的生字展开。学生不仅要识记与“青”字族有关的生字，还要体会形声字声旁表音，形旁表义的构字规律，区分不同偏旁的“青”字族生字用法。在本课教学中，教师就可以“小青蛙的一天”为主题创设情境，学生通过读课文、观察情境图、收看与青蛙有关的视频等活动来了解青蛙。在初步了解的基础上，学生可以抓住“青”字族的生字，用自己的话讲一讲小青蛙的一天。如：今天天气“晴”朗，万里无云，小青蛙住在一条小河边，这里的河水很干净，“清清”的，小“青”蛙穿着“青”绿色的衣服出来吃害虫。学生通过讲故事，在运用字词的过程中进一步理解字义，识记字形。除了讲故事，也可以采用选字填空的形式让学生来完善“小青蛙的一天”，教师提前将故事写好，并将“青”字族生字出现的位置挖空，让学生选字填空，帮助学生区分这些不同形旁的形声字。最后，还可以创设“小青蛙找朋友”情境，引导学生想一想更多的“青”字族的生字，在进一步感知形声字构字规律的同时，拓展积累，增加识字量。

（三）联系生活，识记更扎实

新课标指出，教师在教学中要根据学生的年龄特点和认知规律，紧密联系学生的生活实际。小学阶段的学生，尤其是小学低段学生，他们知识与经验的积累主要来源于生活，因此，将识字教学与生活情境相关联，是低段识字教学的一个重要途径。教师需要根据学生的知识经验水平，创设生活化的学习情境，并且以情境为支架，让学生在熟悉的生活场景中学习，消除对生字学习的陌生感，积极参与识字学习。

以统编教材一年级下册《操场上》一课为例，这一课以体育活动为主题，所有词语都是体育活动的名称。本课情境不仅是学生感兴趣的，还非常贴近学生的生活。教师在教学中就可以充分利用这一特点，联系学校生活，唤醒学生体育活动的记忆。在识记与体育活动有关的生字、词语时，学生不仅可以回忆自己做这些运动时的场景，还可以模拟着在课堂中做一做动作，感受动作特点和生字字音、字形、字义之间的联系，提高识字效果，让识记更扎实。

教师不仅要在识字教学的课堂中联系学生生活，还要打破课堂和书本的局限，引导学生从“在课堂中学习”走向“在生活中学习”。课本中的识字资源是有限的，但是社会生活中的知识是无限的。课堂中的识字学习经历，应当成为学生在社会生活中独立学习的支架，帮助学生多观察、多思考、多学习。让识字走出课堂，走进生活，就能实现识字教学和社会生活的结合，让学生的识字学习更有广度，更有效度。

（四）融合字理，识记更清晰

汉字作为中华民族通用的语言文字，是一种意音文字，每一个汉字都是音、形、义的统一体。字理就是汉字的构形理据，代表着汉字的组构规律。字理识字法是一种比较科学有效的识字方法，它能帮助学生感知、掌握汉字音、形、义的关系，让学生不仅能识记汉字，掌握汉字的使用方法，还能了解汉字的造字依据。

汉字的数量庞大，字形复杂，其所承载的中华传统文化也十分深厚。学生在初学汉字时，对汉字的了解不深，会对汉字学习产生畏难情绪。教师在识字教学中要抓住汉字特点，搭建字理支架，逐步引导学生发现、感知、理解汉字的构字规律，避免死记硬背的汉字学习方法，让学生在识记汉字的过程中，也能认识汉字的构件意义，掌握构件功能，了解构件来源。

统编语文教材也关注到汉字的构字规律，在识字教学内容的编排上呈现出由易到难、由浅入深的特点。一年级上册语文教材中，先后编排了《日月水火》和《日月明》两课，让学生感知象形字和会意字的造字规律。一年级下册识字课文《小青蛙》，则让学生体会了形声字的构字特点。在这些汉字的教学过程中，教师要搭建字理支架，引导学生发现、总结不同类型汉字的构字规律。掌握汉字字理，了解汉字构字规律，不仅能提升学生学习效率，还能帮助学生建立起汉字音、形、义的内在联系，更准确地辨析形近字、同音字、多音字，减少错别字。

（五）学习方法，识字更高效

“支架式教学”理论强调学生是学习的主体，学生要主动参与学习活动，而学习能力的获得和学习方法的掌握是学生主动学习的重要前提。教师在识字教学的过程中，要有意识地渗透识字方法的教学。统编教材课文中也渗透了识字方法的教学和运用，学生通过《日月明》《姓氏歌》等课文初步感知了汉字可以“加一加”的特点，通过《小青蛙》和一年级下册语文园地五中的“识字加油站”板块，感知形声字的构字规律，体会熟字换偏旁的识字方法。在一年级下册语文园地七的“识字加油站”板块，生字的呈现方式体现出“加一加”“减一减”的识字方法。小学低段的学生还在识字初期，对这些识字方法的运用还不熟练，这就需要教师在课堂中搭建支架，引导学生尝试运用适合的识字方法。同时，教师也要鼓励学生在识字过程中大胆、自主地运用这些识字技巧，培养学生自主识字的能力。学生掌握了识字方法，就会产生运用这些方法自主识字的兴趣，提高识字教学的效率。

第二节 支架式教学与阅读教学

一、支架式教学融入阅读教学的意义

（一）更新理念，转变教学模式

新课标指出，要“增强课程实施的情境性和实践性，促进学习方式变革”。但是，在阅读教学过程中，很多教师仍然偏向于采用传统的课堂授课模式，通过设置任务，以教师为主导展开教学。这样的授课形式往往只着眼于解决单篇文章的阅读任务，对阅读能力的发展帮助不大，而新课标则明确，义务教育语文课程要帮助学生学会运用多种阅读方法，具有独立阅读能力。可见，要切实提升学生语文核心素养，需要教师及时更新教育理念。支架式教学融入阅读教学，有利于推进教师教育理念的更新，促进形成以学生为中心的语文课堂，将提升学生语文核心素养落到实处。

（二）把握学情，定位学习目标

阅读教学应该基于学情确立合适的教学目标，正确把握学情能帮助教师在阅读教学中做到有的放矢。在实际教学过程中，每个学生的认知起点、知识结构和生活经验都是不同的，这也使他们的阅读感受和阅读目标各不相同。“支架式教学”理论则强调适应不同学生的不同认知水平，搭建不同层次的助学支架。可见，“支架式教学”理论融入教学有利于帮助教师准确把握学情，定位教学目标。

（三）创设情境，激发课堂活力

新课标指出：“义务教育语文课程实施从学生语文生活实际出发，创设丰富多样的学习情境，设计富有挑战性的学习任务，激发学生的好奇心、想象力、求知欲，促进学生自主、合作、探究学习。”[①] 很多教师在实际教学中已经认识到创设情境的重要性，但是在实际操作中，情境创设的方法比较单一，从而使

① 中华人民共和国教育部. 义务教育语文课程标准（2022 年版）[S]. 北京：北京师范大学出版社，2022.

教学情境发挥出来的教学效果受到限制。教师采用多元、丰富、有趣的支架式教学策略和手段，不仅能利用提前搭好的各类支架创设丰富的情境，还能结合学情进行针对性教学，从而达到发展学生语文核心素养的目的。

二、支架式教学在阅读教学中的应用

（一）选择支架，帮助课文学习

支架式教学要顺利展开，教师就要根据文本特色选择适合的支架。小学语文统编教材中的课文种类多，内容丰富，指向的学习目标也不同。有的课文渗透语文知识，教学内容偏向知识类，教师就应该搭建偏知识类支架，帮助学生将抽象概念转化为直观的理解，唤醒已有的学习经验，促进学生从“现有发展水平”向“潜在发展水平”转化。有的课文提供阅读的方法和思路，教师需要搭建偏方法类的支架，如范例式支架，来帮助学生归纳阅读方法，提高学生阅读技能，培养独立阅读的能力。同时，教师也要培养学生的审美创造，让学生“通过感受、理解、欣赏、评价语言文字及作品，获得较为丰富的审美经验，具有初步的感受美、发现美和运用语言文字创造美的能力；涵养高雅情趣，具备健康的审美意识和正确的审美观念”①。因此，教师在课堂上还应该搭建情境支架，引导学生走进文本，深入感悟文本，从而激发学生的情感，使其获得态度和价值观上的感悟。

（二）搭建支架，发展语文能力

“最近发展区”理论是支架式教学的理论基础，因此，支架的搭建是为了促进学生从“现有发展水平”向“潜在发展水平”转化，而这种转化过程是新获得的经验与已有经验相互作用的结果。②

“支架式教学”理论融入阅读教学，就是以达到“最近发展区”为目标，通过搭建支架来帮助学生链接原有知识经验和新获得的知识经验，在唤醒学生已有知识经验的同时，为学习新的知识提供支点，促进知识的迁移与运用。因此，

---

① 中华人民共和国教育部.义务教育语文课程标准（2022年版）[S].北京：北京师范大学出版社，2022.

② 许龙梅.为学生语文学习搭建支架[J].语文知识，2014(5)：36-38.

教师应该准确搭建适合学生认知水平的支架来帮助学生学习。

（三）拆除支架，评价学习成果

"教师应树立'教学评一体化'的意识，科学选择评价方式，合理使用评价工具，妥善运用评价语言，注重激励学生，激发学习积极性。"[①] 教师拆除支架前，应该首先评估学生的学习成果。在评价过程中，教师要注意对学生的自主学习能力、课堂表现以及意义构建效果进行多维度的评价，综合掌握学生的学习效果。在评价过程中，可以采用学生自评、同伴互评、教师评价等多主体的评价方式。通过这样多元化、全方位的评价，能让教师对学生的学习情况和学习效果进行细致化掌握，能更清晰地感知运用支架式教学的效果，以便于对支架式教学的方式方法进行完善与改进。同时，学生也能更直观地了解自己的语文能力，查漏补缺，促进阅读能力的提升和语文能力的发展。

第三节　支架式教学与习作教学

一、支架式教学融入习作教学的意义

（一）有利于转变传统习作的教学模式

传统的习作课堂专注于教师的讲授，教师作为课堂的主导者限制了学生主动性的发挥。"支架式教学"理论注重以学生为中心，尊重学生的主体地位，强调教师要处理好"教"与"学"的关系，在习作课堂中建立平等对话的师生关系。

在"支架式教学"理论下，教师能更好地在教学过程中扮演好组织者、协作者、引导者的角色。教师围绕作文主题，根据学生的"最近发展区"提供支架，引导学生自主、合作、探究地进行学习活动。在这一过程中，教师还要营造积极主动的学习氛围，调动学生的学习积极性。

---

① 中华人民共和国教育部．义务教育语文课程标准（2022 年版）[S]. 北京：北京师范大学出版社，2022.

（二）有利于形成协作化的习作课堂

新课标在“课程理念”部分强调，要积极倡导自主、合作、探究的学习方式，尊重学生主体地位。新课标提倡围绕“师生交流、生生交流、小组协作”展开教学过程，与支架式教学理论的观点相符合。

支架式教学强调“协作学习”，关注生生、师生之间的交流、沟通与合作，倡导交流与协作贯穿整个教学过程。在习作课中，学生不仅可以和教师交流沟通，还可以和学习伙伴共同探讨，分享交流，学生在合作探究中充分发挥了学习的主动性，课堂中形成了积极自主的学习氛围。不仅如此，学习伙伴共同探究的过程中，也可以为对方构建学习支架，促进双方的共同进步。

（三）有利于形成多元化的评价方式

目前的习作教学过程中，采用最广泛、最频繁的评价方式就是教师课后评价。在实际操作过程中，教师出于各种现实因素，很难做到当面给每个学生反馈习作中的优点与不足之处，甚至有时在评价反馈中，只是粗略打分，没有具体的评价语。可见，这样的评价方式有时无法准确、高效地向学生提供习作指导。

“支架式教学”理论则强调用多元的方式评价学生。在习作教学过程中，可以采用自我评价、小组评价、家长评价以及教师评价等多种评价方式，让学生在多维评价中更清晰地认识自己的习作，更积极主动地投入到习作中。

（四）有利于发展学生的习作能力

在习作教学中，支架式教学可以为学生提供适宜的支架，帮助学生完成当前习作任务。不仅如此，支架式教学同样关注学生未来学习能力的发展，通过建构支架，将习作方法和技巧同步传授给学生，促进学生主动学习探究，实践所获得的方法、技巧，直到撤去支架，学生仍然能够独立完成习作任务，习作能力得到了提升与发展。

二、支架式教学在习作教学中的应用

（一）巧设学习支架，激发习作兴趣

学生是学习的主体，习作教学的顺利开展与进行离不开学生的主动参与。借助兴趣的力量，学生参与习作学习的积极性会更强。在实际教学中，学生习作兴趣的激发非常关键，这就需要教师充分、准确地把握学情，通过搭建科学有效的支架，消除学生畏难心理，激发写作热情。

教师在习作教学的过程中，可以选择范例支架、问题支架、图表支架、工具支架等，通过联系学生生活实际，激发学生认同感，提升学习兴趣。同时，为了习作教学能有序展开，教师要关注支架的选择与搭建是否贴合习作教学的要求与主题。

语文特级教师于漪曾说过："写作的整个教学过程本质上是教师在教学大纲指导下有步骤地启发学生生疑、质疑、解疑和再生疑的持续不断的过程。"① 所以，教师在习作教学中，可以准确利用问题支架，辅助学生展开习作。

如在统编教材五年级上册第六单元习作《我想对您说》的教学中，教师可以根据主题，设计一系列不同层次、不同角度的问题，唤醒学生与父母之间的生活记忆，激发情感共鸣，进而提升习作兴趣。教师可以设计这些问题："平时你有机会和爸爸妈妈一起说说心里话吗？你有没有特别想告诉他们的小秘密？你想不想和他们一起回忆一下你们共同做过的特别的事情？你有没有想要跟爸爸妈妈解开的小误会，向他们说一说你的真实想法？……"学生和父母之间一定有着很多美好且独特的回忆，教师的问题可以帮助他们收集脑海中与父母相处的点滴过程，积累习作素材，丰富习作内容，把握习作方向。

（二）创设真实情境，明确习作方向

小学阶段，学生受到知识与经验累积相对不足的限制，在学习过程中难免遇到问题。这时，需要教师搭建支架，创设既贴近学生生活实际，又贴合习作主题的真实情境。学者郑逸农曾指出："创设真实情境，是指让学生身处真实事件的现场，用自己的眼睛去观察，用自己的心灵去感受，用自己的语言去表

① 教育部师范教育司. 于漪与教育教学探索 [M]. 北京：北京师范大学出版社，2006.

达。”[①]可见，创设情境，有利于拉近教学内容与学生现实生活的距离，增强学生学习感受，加深对学习内容的理解。这样一来，学生就能更顺利地表达真情实感，在习作中更加得心应手。

教师创设情境的方法与手段有很多：可以借助多媒体等现代教学技术，可以使用生活中的真实物品，也可以通过师生之间的交流与沟通……但是，教师创设情境时不仅要关注情境是否贴近学生生活，还要注意扮演好学习引导者的角色，与学生保持良好的互动，与学生共同解决问题。

如统编教材五年级上册第一单元习作《我的心爱之物》的教学，要求学生围绕心爱之物，写出自己的喜爱之情。教师就可以充分利用生活中的真实物品来创设情境，可以布置学生提前观察自己的心爱之物，也可以让学生将心爱之物带来习作课堂。在习作过程中，教师要引导学生对心爱之物进行全面、细致的观察。学生一边观察，一边回忆心爱之物的得来过程，不仅能再一次感受到心爱之物的重要意义，还能通过这一过程自然而然地表达喜爱之情并且完成创作。

（三）鼓励自主创作，展现习作风格

习作教学过程中，教师要时刻明确学生是学习的主人，要关注学生独立思考与探究的能力。因此，教师的引导要逐渐减少，搭建的支架也要能准确帮助学生突破学习难题。教师要给予学生发散思维、自主探索的空间，让学生的习作更加精彩。

如统编教材五年级上册第八单元习作《推荐一本书》的教学，教师可以让学生自主表达想法与意见，说一说自己看到主题后想到的第一本书，并且说明自己的推荐理由。在这一过程中，教师不需要对学生的想法加以限制，只需要适时地引导学生思考：你是不是真的了解这本书？你能不能写出你对这本书的真实感情？你的介绍能不能吸引其他读者？在自主探究和教师的适时辅助下，学生完成的习作不仅贴合习作要求，还展现了个人色彩。

① 郑逸农．创设真实写作情境的原则和策略 [J]. 中学语文教学参考，2017(1):60.

第四节 支架式教学与口语交际学习

一、支架式教学融入口语交际学习的意义

（一）精准定位教学目标

在教育改革深入推进的背景下，部分教师还没有及时转变教学观念，在教学中仍然存在“重读写，轻听说”的现象。教师对口语交际教学重要性的认知不足，在实际教学中缺乏明确目标，导致课堂中教学目标发生偏移，学生口语交际能力的培养无法真正落实。

将“支架式教学”理论融入口语交际课堂，教师需要仔细研读教材，具体分析学情，精准定位目标，搭建符合学生“最近发展区”的教学支架，帮助学生习得口语交际技巧，稳步提升口语交际能力。基于课堂教学目标的精准定位，课堂教学质量也自然得以提升。

（二）丰富课堂教学资源

“口语交际教学资源以丰富的内涵蕴藏在我们的日常生活之中，语文口语交际教学可以从各个角度多方面地进行综合利用。”① 在实际教学中，教材是口语交际课堂中的主要教学资源，教师很少根据实际教学目标，选择并利用生活中的教学资源。

为了在交际课堂中有效引导学生进行口语交际，训练学生口语表达能力，教师可以在“支架式教学”理论的指导下，以学生原有知识体系为基础，根据课时教学目标选择学生身边的教学资源。这些教学资源不仅可以来源于学生的家庭、学校生活、社会经历，还可以来源于社会热点话题，甚至可以来源于交际课堂中学生实时生成的学习成果。合理充分地利用这些教学资源，可以有效地为学生主动建构新知识、习得新技能提供丰富多样的学习支架。

（三）优化教师教学方法

目前，在口语交际课堂中仍然是以教师授课为主要的教学方法，“粉笔 +

① 郑尔君 . 口语交际在语文教学中的地位 [J]. 当代教育论坛 , 2012(12) : 3−4.

黑板”是主要教学工具，课堂问答是主要教学模式。这样单一化、枯燥的课堂形式难以充分调动学生交际兴趣。课堂中缺乏有效互动的交际过程，学生只能机械被动地记忆知识点，课堂教学目标无法真正得到落实。

“支架式教学”理论倡导以学生为中心，强调学生的主体地位，教师将作为组织者、引导者和协作者参与交际课堂。在课堂中，教师要为学生创设良好的交际环境，组织好师生互动和生生互动，引导学生在学习支架的帮助下自主学习、合作探究。同时，教师要置身于语言情境，对学生进行细致具体的交际指导，而不仅是讲解交际注意事项，这能让学生在真实的交际环境中提升口语交际能力。

（四）激发学生交际兴趣

受到整体教育环境的影响，教师在语文教学中会更注重学生知识性成果的习得，而忽视了对学生实践能力和创造能力的培养。所以，日常口语交际课堂中，教师常常出现关注交际要点、忽视交际过程的倾向，学生难以产生参与交际互动的积极性。“支架式教学”理论就强调将口语交际课堂还给学生，让学生在教师创设的真实语言情境下，在学习支架的帮助下，主动参与口语交际活动，发展口语表达能力。

二、支架式教学理论在口语交际教学中的应用

（一）激发交际兴趣，培养参与意识

在小学阶段，学生的词汇积累相对匮乏，同时，小学生身心尚未发育成熟，容易在课堂中出现不敢开口讲话、不愿参与口语交际的情况，这都会对学生口语交际学习产生影响。然而在口语交际课堂中，展开具有良好互动习性的交际过程，离不开学生的积极参与。所以教师要促使学生“乐于用口头、书面的方式与他人交流沟通，愿意与他人分享”[①]，这就需要教师通过设计科学有效的学习支架，导入交际内容与情境，激发学生的交际兴趣，调动学生开口说话的欲望，让每个学生在互动中获得参与感，融入课堂教学。

---

① 中华人民共和国教育部．义务教育语文课程标准（2022 年版）[S]. 北京：北京师范大学出版社，2022.

以统编教材一年级上册的口语交际《我说你做》为例，教师可以用孩子们都感兴趣的游戏作为教学切入点，先让学生自由地交谈自己喜欢的游戏，再播放一段其他学生玩“我说你做”游戏的视频，引导学生观察游戏过程，接着趁机询问学生：“这个游戏是怎么做的？”从而引出本课交际主题“我说你做”。从交谈学生喜欢的游戏，到观察其他学生做游戏的过程，教师设计问题支架、利用工具支架，消除了学生对交际主题的陌生感。同时，利用学生的真实兴趣激发他们参与交际讨论的积极性，引导每一个孩子主动参与到交际中。

（二）借助课本素材，创设交际场景

口语交际属于语文教学中的实用性表达，因此，教师在进行口语交际和语言表达教学中要“紧扣‘实用性’特点，结合日常生活的真实情境进行教学”[①]，同时要引导学生学习日常生活语言，学会文明交往，学会表达生活。统编语文教材中安排了不少贴近学生生活的交际主题，旨在培养学生在真实情境中的语文能力。如统编教材一年级上册的《我们做朋友》、一年级下册的《打电话》、二年级上册的《商量》等。

不仅如此，统编教材还为每一次口语交际设计编排了精美的情境图，这些情境图大多为学生演示了交际中的部分互动过程，有一些还提示了本课的交际要点。教师在教学过程中，要合理、充分地使用这一学习支架，引导学生仔细观察图片，获取相关信息。

如统编教材一年级下册《听故事，讲故事》一课，学生要听《老鼠嫁女》这个故事、记住故事内容并自己试着讲一讲。一年级学生词汇积累有限，身心发育不成熟，记住故事内容并讲述对于部分学生来说难度较大。这就需要教师利用好课文插图，引导学生借助图画记忆故事内容。同时，在学生讲一讲的过程中，教师也要提醒学生看图说话。看图说话是培养低段学生习作能力的重要途径，能锻炼学生的观察力、语言表达能力、想象力等。读懂图画，获取正确的信息，才能保证看图说话的内容更加准确、丰富，帮助学生更好地参与到交际活动中。

---

① 中华人民共和国教育部.义务教育语文课程标准（2022年版）[S].北京：北京师范大学出版社，2022.

（三）关联生活实际，营造交际实况

新课标指出："创设情境，应建立语文学习、社会生活和学生经验之间的关联。"小学生的知识积累还不丰厚，生活经验也较少，需要教师在口语交际课堂中联系学生生活，帮助学生唤醒生活记忆，激发情感共鸣，促进口语交际在学生的生活中落地生根。

以统编教材一年级下册《打电话》为例，在课堂中教师可以询问学生："你有没有过单独给别人打电话的经历？""你为什么给他打电话？""你是怎么说的？"打电话是一个很常见的生活场景，但是对于一年级学生来说，很难直接概括总结出打电话的方法和注意点。通过回忆自己给别人打电话的经历，并在回忆的过程中一步一步思考教师的问题，学生就能逐渐发现打电话时要先说清楚自己的身份，再说清楚事情，自然而然地掌握了本课的交际技巧。

（四）依附语文教材，注重日常训练

统编语文教材中选编了很多优秀的文章，这些文章涉及的知识面广，题材丰富，为学生的口语交际学习提供很好的范例支架。"读书百遍，其义自见"，口语交际的训练更渗透在日常语文学习当中，学生在朗读、背诵课文的过程中，不断丰富词汇积累，提升遣词造句的能力，感受日常生活中的交际与表达。

以统编教材一年级下册《小公鸡和小鸭子》为例，教师可以在课文学习中先让学生找出故事的时间、地点等基本要素，掌握故事内容。在此基础上，教师可以充分利用课文的特点，安排学生进行分角色朗读，让学生在角色扮演的过程中，感受、体会、表达小动物角色的感情。通过教师为学生营造的语言情境，学生对感情的表达和体会更加深刻、丰富。同时，在朗读的语言训练中，学生进一步感受了生活用语，也提升了口语交际能力。

第五节 支架式教学与综合性学习

一、支架式教学符合综合性学习的客观需要

（一）综合性学习的特征

综合性学习是一种以学生为主体，从小学语文学科出发，关联其他学科，关联学生生活，体现对语文知识的综合语用，以活动为主要开展形式，倡导自主、合作、探究的学习方式，旨在培养小学生核心素养，促进全面发展的课程形态。综合性学习主要有学科性、综合性、实践性、自主性、开放性等特征。

1. 学科性

综合性学习要求学生在语文实践活动中，综合运用多学科知识，提高语言文字运用能力。可见，综合性学习具有学科性，以语文学科学习为本位，重在培养学生的语文素养。

2. 综合性

综合性是语文综合性学习的一个显著特征，主要体现为学习方式、学习内容、学习目标的综合。综合性学习将自主探究与合作探究两种学习方式有效融合，综合课堂内外，不仅把语文课程与其他课程相联系，还联结学习与实践，引导学生综合运用语文知识和能力，促进学生核心素养的整体提高。

3. 实践性

新课标指出："语文课程是一门学习国家通用语言文字运用的综合性、实践性课程。"①培养学生的语文实践能力，应从语文实践出发，综合性学习则注重学生的亲身参与和调研，强调让学生在探究、分析、论证的过程中，解决问题、强化实践，从而获得语文技能和语文素养的整体提升。

4. 自主性

综合性学习应突出学生的自主性，注重学生主动积极的参与精神。在展开综合性学习的过程中，教师要发挥好指导作用，将探究过程还给学生，引导学生自行设计和组织活动，逐步增强学生参与活动的积极性和解决问题的主动性。

---

① 中华人民共和国教育部．义务教育语文课程标准（2022 年版）[S]. 北京：北京师范大学出版社，2022.

5. 开放性

综合性学习的开放性体现在打破了语文课程单一学科的局限，与其他学科结合开展跨学科学习，还体现在课程内容、课程实施时间与空间的开放上，综合性学习可以延伸到课堂之外，延伸到课堂外的家庭生活、社会生活中，让语文教学方法更有创造性，教学资源更丰富、更多元。

（二）支架式教学契合综合性学习的特点

将“支架式教学”理论引入综合性学习既是综合性学习的现实需要，也和新课标提出的理念相契合。

综合性学习的特征能让学生处于更开放多元的学习环境中，习得更多的技巧，获取更多的知识。但是，综合性学习的内容更具有融合性，更需要教师在教学过程中发挥好指导作用，让不同学习能力的学生都参与到综合性学习中。在“支架式教学”理论的指导下，教师不仅要根据学生的“最近发展区”给不同能力的学生搭建不同的学习支架，还要对同一学生的不同学习阶段进行辅助，通过对学习支架的搭建与调整，帮助学生突破学习难关，快速成长。

同时，综合性学习的实践性明确了学生才是学习的主体，教师只能扮演引导者、促进者的角色，教师要充分尊重学生的探究过程，注重学生的积极参与，这与“支架式教学”理论的观点是非常契合的。将“支架式教学”理论融入综合性学习，就能帮助学生真正成为综合性学习的主人，让学生在自主探究、合作探究的过程中，主动建构知识体系，主动发展综合学习能力。因此，“支架式教学”理论契合综合性学习的特点，对综合性教学有很大的指导意义和实用性。

二、支架式教学理论在综合性教学中的应用

（一）挖掘课程资源，搭建知识辅助性支架

搭建知识辅助性支架的过程，其实也是挖掘综合性学习课程资源的过程。知识辅助性支架及辅助综合性学习的图片资料、文字资料、案例资料等，能化抽象为具象，促进知识的感知与掌握。

小学阶段，统编教材一共安排了四次综合性学习，分别是三年级下册《中华传统节日》、四年级下册《轻叩诗歌的大门》、五年级下册《遨游汉字王国》和

六年级下册《难忘小学生活》。其中，三年级下册和四年级下册的两次综合性学习，教材内收编的资料较少，主要是对学生参与综合性学习的方法进行了指引和提示，让学生对综合性学习产生初步的概念。而在五年级下册和六年级下册的两次综合性学习中，教材提供了大量不同类别的文本资源，其中有故事，有诗歌，有谜语，有书法作品展示等。这些文本资源不仅将多学科的综合性知识集中在语言文字中，增强学生语言感知能力，还能让学生通过语言去了解社会，感悟自然、社会、文化和历史。所以，教师要灵活运用这些课内文本，为学生搭建资源支架，引导他们合理运用。

如统编教材五年级下册综合性学习《遨游汉字王国》一课，教材内提供了展示汉字字体演变的阅读材料，从汉字演变历史、甲骨文的发现过程等方面介绍了与汉字有关的知识。文本材料虽然能帮助学生初步对汉字的演变形成整体概念，但是仅从三篇短文很难去准确把握更多与汉字有关的知识。为了充实学生对汉字演变的了解与认识，教师可以从学生已掌握的知识入手，挖掘课内其他可用资源，促进学生新旧知识框架的联结，同时，引导学生根据课文资源去搜集课外资源，丰富知识体系，获取更完整的探究成果。

（二）研读学习主题，搭建方法指导性支架

小学阶段，学生的思维与能力都在发展过程中，又是第一次接触到综合性学习，教师要为学生提供合适有效的学习方法，才能更好地推进学习进程。在课堂教学中，教师可以搭建的方法指导性支架有很多，包括问题支架、活动支架、范例支架等，要根据学习主题选择适当的支架。

以统编教材六年级下册《难忘小学生活》为例，本单元的语文要素是：策划简单的校园活动，学写策划书。可见，本次综合性学习具有极强的实践性，注重学生的实践活动，这也提示教师在本单元教学中要善用活动支架。活动支架，也就是对综合性学习进行支撑辅助的活动。在本课中，可以开展撰写回忆录、制作成长册、举办联欢会等活动，引导学生多角度、多形式地回忆小学生活。同时，在这一过程中，教师充分相信学生能力，给予学生自主探究的空间，让学生在自主学习、合作探究的基础上提高语文实践能力。

（三）抓住教学目标，搭建情感体验性支架

综合性学习，不仅能培养学生的语文能力，还能在语文实践的过程中激发

学生阅读情感，提高学生参与活动的热情，同时，各科知识的链接还能给予学生更丰富的情感体验。为此，教师要在教学过程中运用一定方法、手段创设情境，抓住情感和精神教育的主线，提高学生的审美与探究能力，形成良好的道德品质。以统编教材小学语文四次综合性学习为例，三年级下册《中华传统节日》可以让学生了解中华传统节日，感受中国文化；四年级下册《轻叩诗歌的大门》旨在加深学生对诗歌的感受和体验；五年级下册《遨游汉字王国》希望学生了解汉字的历史和现状，增强对汉字的自豪感；六年级下册《难忘小学生活》让学生与同学分享难忘的回忆。通过这些实践活动，学生得到了更丰富的情感教育，获得了多层次的审美体验。所以，教师要善于挖掘学生的情感触动点，调动学生的参与感，灵活地构建情感体验性支架，促进学生获得更深层的感受，为形成正确的人生观和价值观做铺垫。

CHAPTER 12

第十二章

支架式教学的反思

“支架式教学”理论的提出是为了让学生能够在教师的引导下，通过支架的运用获取更多的知识和经验。但是在实际教学中实践往往和理论发展不同步，支架式教学在教学中会出现“未能起到支架性作用”等各种问题。目前已经有了一定程度的支架式教学实践，在实际操作过程中也符合支架式教学的理念和操作模式，但并未冠以相应的名号。本章就这些案例进行研究和分析后，发现存在着支架建构简单化、支架运用表面化、支架撤离碎片化这三大问题。所以，本章从教学的顺序性将教学分为支架建构、支架运用和支架撤离三个部分，支架式教学的反思也将从这三个角度进行深入的探讨。

支架式教学融入教学实践中，反映出在教学设计环节对教学预设把握不准确的问题。有偏差的教学设计主要表现为教师在支架建构环节缺少独立思考、脱离文本和忽视学生的个体差异性。在支架运用环节，存在着表面化的问题，认为只要将支架运用在课堂教学环境中即可，不追求对于支架运用的效果。效果评价是支架撤离的依据，很多教师在课堂教学中会忽略这一重要步骤，或是评价内容过于单一化，或是评价主体缺少准确性。为了更加清晰、客观地将支架式教学反思表述清楚，本章节会附以案例进行详细说明。

第一节　支架建构简单化

教学目标是教学的出发点和归宿，在教学过程中起着导向的决定作用。新课标明确：“语文课程围绕核心素养，体现课程性质，反映课程理念，确立课程目标。”[①] 教学目标是支架建构的最终指向，也是支架建构的方向。在课前教师备课环节中，构建良好生动的支架是保证支架式教学顺利进行的第一步，既要达成教学目标，又要在教学环节中展示所搭建的具体内容。教师们对文本进行深入阅读和独立思考，但往往会忽视教学目标、忽略学生个体差异，甚至忽

① 中华人民共和国教育部．义务教育语文课程标准（2022 年版）[S]. 北京：北京师范大学出版社，2022.

略了教学文本，导致支架建构在实际教学中做不到有的放矢，从而成了“空中楼阁”。

一、教学目标被忽略

支架式教学在实际语文课堂应用中，需要教师具备较高的语文素养和教学水平，相较于常态化的语文教学课堂，对教师提出了更高的要求：准确的教学目标、独立的教学思考、多维的教学预设。然而实际建构支架的过程中，教学的教师并没有具备相应的素质，照搬他人的教学设计，简单建构教学支架，脱离实际教学预设。

下面是统编教材四年级上册《古诗三首·题西林壁》的一段支架式教学课堂实录：

师：我们的祖国地大物博，山清水秀，风景如画。同学们都知道哪些风景名胜呢？简单来说一说。

生畅谈风景。

师：同学们说了不少，老师也向大家介绍一处风景。它素有“匡庐奇秀甲天下”之誉，以雄、奇、险、秀闻名于世，它就是庐山。首先，我们来享受一场视觉盛宴，看看庐山到底是怎样的。咱们可以听听古诗朗诵，同时，还可以看看图片，一起走进庐山。

（展示图片，并播放录音）

师：好风景我们留着慢慢欣赏，下面我们一起走进课文，看看在苏轼笔下的庐山又是怎样的呢？大家看完庐山的图片之后，来简单谈一谈对庐山的印象，谁先来说一说？

生鸦雀无声。

通过观看这段课堂实录的片段，给观者的第一感受就是——混乱。该教师只是想铺设有趣情境进行课文导入，加以图片和朗诵，在视觉和听觉上加强学生的感知。有庐山的图片却没有文字介绍；有名家的朗诵，却与图片毫无联系；图像、文字、朗诵互相脱节，所有的元素杂糅在一起；教师的引导含糊不清，学生应接不暇，到底先看哪一个，实在是苦恼。终于等来老师将带领学生走进文本，走入苏轼笔下的庐山，却又杀了一个回马枪，让学生谈一谈自己对庐山的印象，顾此失彼，学生难以回答。然而，这并不是个案，在网上关于《题西林壁》的教案大抵如此，基本是从对庐山的赞誉引入，并播放一些庐山的图片或者视频。此为教师在支架建构时使用了现成的普通教案，并没有加入自己的思考和创新性的内容，缺少对支架内容的考虑和审视，从而导致支架整体设计脱离教学目标、意图不明、结构不清、内容混乱。所以，教师在支架建构时，筛选好支架后，精细处理支架内部设计，教师的思考也应贯穿整个支架建构环节，任何一点的疏忽都会影响支架在教学中的运用以及后续的教学呈现。

有些教师惯用普通教案，而有些教师则选择全搬示范课，在备课阶段设计教学内容时，参考示范课中新颖的支架进行课堂教学实践。某年轻教师在用支架式教学设计统编教材六年级上册《夏天里的成长》一文时，觉得示范课上教师的情景导入设计非常有创意，于是在支架建构时加以模仿，运用在自己的课堂教学中。首先，让学生自由畅谈夏天的诗句；其次，让学生体会诗句中夏日的景色；最后，领会写景的手法和角度。示范课上的学生能够领会教师的意图，并能够回忆出自己所熟悉的夏日诗句，找到写景的句子，并且知晓诗句中的修辞手法和场景角度。然而，该教师真正运用时发现，一切都难以进行。该班学生语文基础不扎实，课外阅读量较少，性格内敛的学生较多，不愿意表达自我。在回忆夏天的古诗时就花了较多的时间。教师还使用了之前自己备课时建构的支架，试图与课文进行衔接，让学生与文本产生共鸣，过程生涩且曲折，即使有支架的帮助，学生也没有获得教学目标的知识。只因该教师在引用示范课课例时忽略了自己的思考，没有融入自己擅长的东西，简单化地全盘照抄，造成了课堂上“道阻且长”，没有内化的支架构建缺乏自身的独特思考，就沦为摆件。许多特级教师会根据学生素质来调整支架，在契合教学目标的同时，积极调动学生的学习兴趣和积极性，操作起来难度较大。但融入了自己创新性的独特思考后，即使学生不同、环境不同、文本不同，凭借着良好的教学能力和对相同学段学生学情的了解，也能够快速找准教学目标和定位，信手拈来。由此可见，学习支架的构建，独立思考必不可少。

二、学生主体被忽视

支架式教学的核心理念是“为了学生的发展”，学生是这一教学模式的根基。但是在语文课堂教学中，教师在构建支架时并不清楚自己所设计的支架能否与学生的学情相匹配，是否有利于学生的发展。有时候忽视了学生在课堂上的主体性，从而导致支架建构表面上生动有趣，学生为之吸引，金玉其外，然而对于学生知识的汲取毫无用处，对文本的理解也没有助力，华而不实。

某教师在使用支架式教学模式上《题西林壁》这一课时，让学生在课前搜集中国的风景名胜，要求准备相应的语言。导入环节，教师请同学们畅谈中国美景，同学们侃侃而谈、意犹未尽，有些同学在下面交头接耳，此过程持续了五分钟左右。随后教师进入《题西林壁》授课，但学生仍沉浸在刚才的情节中难以自拔，导致课堂拖沓，无法快速进入。同样是在使用支架式教学模式上《题西林壁》，另一位教师在讲到“横看成岭侧成峰，远近高低各不同”这部分时，将搜集到的图片按照“横—侧—远—近—高—低”的顺序进行展示，并由学生根据图片进行介绍和说明，此环节占用了大部分课堂时间。

第一位教师借用图片说名胜的方式引入教学内容，第二位教师利用图片理解知识点，都运用了图片支架。《题西林壁》这篇课文表面上被这两位老师上得颇有乐趣，调动了学生积极融入课堂，好像学生成了课堂的主人，但实际上两位教师并没有关注到教学目标和教学内容的教授，而是构建学生感兴趣的支架，求异求新，让课堂变得“花里胡哨”又热闹纷呈，将语文课上成了地理课和导游课，语文素养并没有得到提升，教学进度拖沓不前。教师没有考虑到学生的心理发展特点及注意力的发展情况，建构支架的时候，忽视了这个年龄段学生语文素养如何落实和提升的主体需求，过于追求表面，忽视了学生主体，这是支架式教学运用中常见的问题。

学习前的状态对课堂教学活动的开展有着至关重要的影响，积极的心态和充分的准备能够调动学生既有的学习经验，使学生在课堂上有话可说、有案可稽的基础上抒发情感态度、甄选适用内容、升华已有知识；相反，畏难、排斥的消极心理和零碎的想法不仅有碍课堂上学习的正常进行，且对学生自身的语文素养、思维能力的培育均有不利。作为教师，要在支架建构时考虑和关注学生课前动态和准备，掌握学生学段特点和身心发展特点，搭建支架，帮助学生架起已有的经验与课堂内容的“桥梁”，在轻松愉快的氛围中开展课堂教学活动。学生永远应该是第一位的，教学支架的建构不在于精彩程度，而是在于能否真正促进提升学生语文素养，否则支架式教学只会是一个空壳。

除学生学段的特点外，很多教师也会忽视每一个学生都会有区别于他人的独特性，在身心发展特点上表现为个体间的差异性。面对同样的学习任务，有的学生得心应手，有的学生却举步维艰。学生身心发展的差异决定了教学不能是整齐划一的统一安排，教师需要尊重学生的个体差异性，使“因材施教”真正落到实处。把握学生的“现有发展水平”并对“潜在发展水平”进行评估，在学生普遍“最近发展区”内搭建有效支架辅助学习。在教学过程中，如果教师仅以自己的意志把握教学进度，忽视学生身心发展的顺序性，无论是贪多求全，还是拖沓重复，都将阻碍学生的学习和发展。

三、教学文本被抛弃

新课标强调了对阅读能力的要求：“学会运用多种阅读方法，具有独立阅读能力。”[①] 阅读不仅仅是学生对文本的阅读，更是老师与文本的对话。再者，文本是由一个个传承中国文化的汉字、一个个饱含深情的词语、一个个充满灵性的句子组成的，它不是“死板”的，它承载着创作者的思想、观念、价值观等，都需要我们去品味、解读、领悟，才能踏上语文教学的求真之旅。由此，不管语文教学中教学支架如何创新，教学手段如何变化，进行丰富、深入、多元的文本解读是一线教师必须掌握的一项基本功。然而，审视支架式教学课堂，更多的老师更愿意把时间花在设计精美的支架上，为创设一个有创意的教学支架而绞尽脑汁、苦思冥想，将支架的创设停留在文本的字面上，一目十行、浮光掠影、浅尝辄止，忽视了文本的艺术性、内隐性，缺乏教学的深度、厚度和广度。

教师在支架建构时容易急于求成，忽略阅读教学文本的重要性：一种情况是过于强调主题思想的教育。如某些教师为了提高学生的思想文化修养，在教授统编教材六年级上册《青山不老》一文时，花了较多的时间讨论环境保护问题；在教授统编教材五年级下册《青山处处埋忠骨》一文时，过于强调爱国情

① 中华人民共和国教育部．义务教育语文课程标准（2022 年版）[S]. 北京：北京师范大学出版社，2022.

怀，大谈特谈战争的悲壮和残酷。另一种情况则是过于重视语文基础知识的传授。如统编教材六年级上册《花之歌》一课中，象征手法的运用是理解文本的关键，某教师在运用支架式教学教授这篇课文时，为了让学生深入掌握这一手法，他将象征的定义直截了当地告诉学生，并且指出“象征体”和“主体”需要通过想象和联想联系起来，随后便让学生运用想象和联想的手法，以“我由想到了它象征了________”的句式，让学生说一说梅、兰、竹、菊这些事物的象征意义。该教师以固定的文字教授知识性的概念本就不利于学生语文知识的学习，而且在这一环节里所体现的支架建构内容与教学文本没有关联性。上述两种情况都偏离了阅读教学强调的“文道结合”，而此问题的源头是教师忽略了教学文本的重要性。因为不关注文本，所以才会大谈文本以外的思想，才会深究知识性内容。课堂教学中的支架式教学的支架建构，要从阅读文本中来，到阅读文本中去，教师要通过一篇篇文本的教学，教会学生自主进行课外阅读的技能，任何抛弃文本的支架建构都是无意义的。

有些教学支架是需要从文本外部引入的，但它们的出现是文本理解的需要，最终是为文本教学服务的。背景支架作为这样的支架类型，很可能在支架建构时出现孤立的情况。《青山处处埋忠骨》是作者晓年写作的一篇短文，出现在统编教材五年级下册第四单元，主要讲了毛泽东的爱子毛岸英在抗美援朝出国作战光荣牺牲，毛泽东惊悉这个噩耗后极度痛苦的心情和对毛岸英遗体是否归葬的抉择过程，表现了毛泽东常人的情感、超人的胸怀。教师在运用支架式教学模式教授《青山处处埋忠骨》时，在主旨理解环节所建构的支架如下。

1. 详细介绍主人公及事件发生的背景。
2. 提问：课文表达了作者什么样的感情？

该教师教授此篇课文时，在解决完文言字词句的翻译问题后，开始用PPT呈现大段文字，滔滔不绝地介绍主人公毛泽东以及抗美援朝运动的背景。这样的背景支架的设置确实有利于文本解读，展示出了教师丰富的文学积累，但遗憾的是，有的学生听此内容时昏昏欲睡，兴致不高。接下来，教师开始提问：课文表达了作者什么样的感情？学生大多数是在刚刚听到的本文的背景介绍的基础上回答问题，很难结合具体文本进行赏析，也不能体会到作者在语言上的精心布置。正确的做法应是教师利用文本内容为学生设疑，之后再去建构背景支架，让背景支架适时地出现。教师如果因为所建构的支架需要借助外部资源，就不顾教学文本的实际内容，这会让语文教学失去原本的意义，而学生也只会是在教师那里听到了能在其他地方搜集到的文章信息的现场复述版。久而久之，语文阅读课能教给学生的内容微乎其微，学生的阅读能力也得不到实质性的提高。

第二节　支架运用表面化

“支架”是以学生为中心，利用情境、协作、探索评价等要素，实现对所学知识的意义建构。支架式教学的“支架”一般是以问题的形式出现，通过学生独立探索过程的“释疑”，最后导向“成趣”的目标，从而点燃学生在问题情境中进一步学习的热情，让学生在问题中完善思维体系，将知识内化到自己的认知结构中，促成知识和智慧的升华。“支架”是支架式教学的重要组成部分，它关系着支架式教学的整体效果。在支架运用的过程中，教师需要根据学情随时调整课前所建构的支架，但有许多教师刻板追求自己原定的支架设计，导致教学生硬。“支架”在原则上按照支架式教学的整体环节进行，配合创设情境、独立探索、合作交流和效果评价等步骤，但由于教学经验不足或课堂把握不到位，教师在运用支架的过程中常常出现刻板使用环节的问题。

一、刻板用支架，教学生成表面化

在进行一堂课的教学前，教师首先给予学生一定的概念框架，帮助他们分解任务，在一层一层任务完成与理解的基础之上逐步达到这堂课总的教学目标。就像建造房屋一样，先搭建一定的“脚手架”，使工人能够达到下一步目标，这样一步一步修建好一所房屋。① 在语文教学中，“脚手架”应运用于多种用途和类型，具有灵活性，不应是一成不变的，需要根据学情合理变化。然而，很多教师在教学中，常常刻板使用支架，将自己的支架奉为“金科玉律”，坚决执行，一成不变。

---

① 樊荣．支架式教学策略在小学语文教学中的应用研究 [J]. 学周刊（学术刊）. 2022, 5(5): 19−20.

某教师在教授统编教材五年级下册《杨氏之子》一文时，设计如下问题："《杨氏之子》选自《世说新语·言语》，杨氏之子的哪些语言能够体现他的性格特点？"此问题应从人物语言的风趣机智中体会到人物的随机应变，用智慧和勇气解决问题。有位学生找到了"儿应声答曰：'未闻孔雀是夫子家禽'"这一内容，但是不能指出人物的性格特点，教师追问：从这句话中能看出什么？杨氏之子回答这句话有什么巧妙的地方？该生说能看出来杨氏之子非常没有礼貌，跟客人顶嘴。教师立马纠正："如果是别人这样说你的姓氏，你会不会也这样子回答？那杨氏之子的回答就不难理解了。"接下来，教师继续找其他同学回答，回到对主问题的解答上。这位学生在教师追问后的回答确实已经偏题，该生的思维停留在比较浅显的层面，且此篇课文中人物的性格特点具有开放性，教师可以抓住这一机会让学生们针对这一问题展开讨论，不再固守原来的支架，从而锻炼学生的思考能力和表达能力，生成一个新的问题支架，并注意帮助一开始搞错重点的学生理清思路。但该教师过于刻板地实施自己预设的问题支架，错失了课堂上生成的支架。此案例中，教师存在两个问题：一是不能够机智地处理教学中的意外情况，没有帮助回答错误的学生理清思路；二是错误地处理阅读教学中的学生多元解读现象。从根本上看，该教师在支架运用时没有处理好教学预设与生成的关系。

所有的课堂不可能跟教师预设完全同步，课堂教学具有生成性。生成性课堂构建的前提是尊重学生的个体差异性，支架学习需要学生具有较强的逻辑思维能力和独立思考能力。生成性课堂教学具有生成性、活动性、动态性和开放性等特点。生成性课堂的生成性体现在生成性课堂是在实际的教学中产生的，是学生与教师之间不断地互动交流形成的一种思想上的碰撞。生成性支架能够实现资源的共同使用，能够将教师和学生的注意力集中到课堂教学中去。传统的教学模式不能够考虑到课堂对学生思维的影响，教师要不断在课堂上拓展自身的教学范围，促进学生主体性的发挥，帮助学生构建自身知识体系。过分执着于预设好的支架只会让教学失去生成性的价值，教师不应强行使用预设好的支架，应根据学情合理调整支架，使之适用于课堂，适用于学生。

二、刻板用环节，教学步骤模式化

“支架”在原则上按照支架式教学的整体环节进行，其中的环节分别是创设情境、独立探索和协作学习。但在实际教学中，教师容易模式化地使用这些环节，并不能很好地与语文教学相结合。

创设情境是指通过多种教学手段的运用营造学习的氛围，使学生产生求知的渴望，并积极参与学习过程，小学语文阅读教学中的支架式教学的情境创设主要出现在教学的开始。新课标要求：“学习情境的设置要符合核心素养提升和螺旋发展的一般规律。”[①] 支架式教学要求教师进行情境创设，但很多教师只是在自己的教学中安排了这样一段情境，实际效果却不尽如人意。如在教授统编教材三年级下册《赵州桥》一文时，某教师为学生创设了“走进桥世界”的情境，介绍了桥的种类和功能，并展示出各种各样桥的图片，但学生只是了解了这些科普性的知识；某教师在教授统编教材五年级下册《军魂》一文时，为学生创设了“职责”的情境，让学生对职责展开讨论，学生对此话题有很多话说，但这个情境并不利于学生走入文本。支架式教学中的情境创设一定是与教学紧密相关的，教师要利用这个环节激发学生的学习兴趣，使学生积极投入文本学习中，那些只是为了完成某一固定教学步骤而随意创设的情境割裂了语文教学课堂，是不可取的。

而在协作学习阶段，常常有教师就按照小组划分，把几个学生的座位拼在一起，使之在“外表”上符合支架式教学，同桌之间、前后位之间也是可以进行讨论交流的，由学生各自分配任务后自由摸索，没有主导者，学生也没有方向性，只是为了完成这一步骤，使支架的使用模式化。支架式教学的使用中，不能盲目追求形式主义。甚至在教学中，教师觉得没有时间讨论，也可以取消这个环节。一方面，阅读教学本就是一场“对话”，是教师和学生们之间的交流。班级的课堂教学，一个教师不是面对四十几个、五十几个散乱的学生，而是面对四十几个、五十几个学生所组成的学习共同体，与班集体发生着对话。另一方面，支架式教学的核心理念是关注学生的发展，所以判断一节课是不是支架式教学，主要还是看其是否能够帮助学生达到一个更高的认识水平。当然，支

① 中华人民共和国教育部.义务教育语文课程标准（2022年版）[S].北京：北京师范大学出版社，2022.

架式教学还是尽量要用小组协作的形式，因为很多支架式教学的实践证明了它的优势所在。

三、刻板用引导，教学效果形式化

支架式教学的运用之所以表面化，是因为部分教师对于教学的重视不够。在口语交际的课堂中发现，在教授对话的同时，教师自身引导进入交际的方式过于随意、表面化，教师并没有对口语交际的内容有过多的思考，只是为了教学生交谈而交谈，过于形式化。在教授统编教材四年级下册口语交际《说新闻》一课时，某教师在这一单元的支架的运用，直入主题，就教材讲教材，就地运用支架。恰逢神舟十四号载人飞船升空，以学生在各个媒体看到的有关神舟十四号载人飞船的信息为主要内容进行讲述，对于如何进行提炼及重要信息提纲的编写，教师只是进行了粗略的讲解。对于学生而言，只知道要讲一则消息，需要编写提纲，需要找相关内容，但是具体如何去讲述，学生并不是很清楚。从学生的讲述情况来看，有部分学生并没有抓住重点进行讲述，所讲内容平淡无奇，甚至还有学生所讲内容与消息内容不符。教师疏于学情，过于注重形式，过于相信学生的学习能力，对学生的教学引导不到位，导致学生的讲述效果不理想。

该教师仅是引导学生刻板运用提纲支架，未在口语交际中突出学生们自己的构思，也没有在学生之间进行交流合作，更没有引导学生形成问题支架或思维支架。在学生口语交际的运用阶段，学生之间的合作交流、学习借鉴是非常重要的，有利于发散思维，拓宽表达思路，便于他们在思维过程中遇到问题和障碍时相互帮助。因为口语交际就是一个个体思维隐性化向显性化转变的过程。如果只是表面引导进入支架，只会在刻板运用中加深学生对于支架的不理解，甚至是厌恶。

第三节　支架撤离碎片化

高斯在有关“脚手架”的论述时说道：“凡是有自尊心的建筑师，在瑰丽的大厦建成之后，决不会把脚手架留在那里。”① 支架式教学中教师所设置的所有支架最终要撤离，而撤离的时机是通过评价得知的。这里的评价指的是评估学生课堂学习情况，即对学生是否完成了学习目标的判断，而不包括对教师的教学评价。且从阅读教学的可操作性的角度出发，这里的评价也是非正式评价，它不是以数字化的测量表进行统计，而是在课堂互动之中对学生的课堂表现做出的针对性评价。支架式教学的支架最终要被撤离出课堂，何时撤和怎么撤都得看效果评价。所以，支架撤离的过程其实就是效果评价的过程，教师要在充分考查学生的学习接受程度后，再考虑安排支架的逐步撤离。然而，教师们碎片化、无系统地处理支架运用评价，导致在支架撤离后，很多学生没有学会应掌握的内容。

一、效果评价不被重视

在语文支架式教学中一定要有效果评价的过程，它是教师判断学生学习程度的重要标准，能够帮助教师充分把握学生的学习状况、适时地调整教学策略，是关乎支架式教学能否成功运用的最后一步，但很多教师没有认识到它的重要性。

统编教材中编排了大量的略读课文，旨在检验和提升学生自身的能力和素养，所以在略读课文的学习和教学中，要给予学生充足的时间和自主性，让他们主动去查阅相关创作背景，主动思考、学习、体会并积极表达自己理解的内容和感情。教师只需基本的规范和引导，重要的是尊重他们的思想和意识上的自由与自主，培养他们的独立意识和自主思考与判断能力。然而在教学实践中，许多教师在上课时注意到了略读的特点，在简单地导入之后，让学生自由朗读课文，想让学生多读多思考，篇幅较长的课文需要学生花 10 分钟左右的时间才能完成，一节课很快就过去了，打乱了教师们原本上课的节奏。等到这节课快结束的时候，教师们直截了当揭示文章的主旨或是知识点，随意地点出主题。

① 高斯 . 算术探索 [M]. 潘承彪，张晓尧，译 . 哈尔滨：哈尔滨工业大学出版社，2011.

学生们刚刚还沉浸在课文中，又直接被教师从文本中拉出，还没有理解文章的主旨，就进行知识点的记忆，整节课“疲于奔命”，学生未受到启发就结束了。教师为了完成环节而完成，在课堂上并没有对学情做出检测，也就是没有进行效果评价，学生对主题和知识点的消化可能并不到位。

教师们在支架撤离上存在的问题主要有两点：第一，盲目追求课堂的完整性；第二，过于注重对教学内容的升华和拔高。追根溯源也就是教师没有真正意识到效果评价这个环节的重要性。还有一些教师在效果评价时流于形式，他们会在支架式教学的最后一个部分留出时间给学生进行小练笔，通过让学生进行习题训练或口语表达来评价学习效果，但他们只有这一个部分的评价，在其他环节并未有评价的出现。在小学语文教学中应用支架时，最后确实可以单独进行一小段系统的评价，但不能仅凭这一个部分来决定支架的撤离与否，而不考虑在教学进行中的形成性评价，这样孤立的效果评价也会丧失全面性。

二、效果评价维度单一

支架式教学对学生的评价不局限于单一的维度。以统编教材课后的小练笔为例，小练笔最终呈现的结果与成文过程中写作主体习得的技能、发展的能力，以及在此间情感态度的养成等都是支架式教学评判的方面。评价支架的搭建不仅有利于教师对小练笔进行反观、修正，还对学生的书面表达能力、分析鉴赏能力产生积极的影响。

布鲁姆认为：“评价是教学设计中的最高层次。”① 因此，在支架式教学设计的过程中，评价是不容忽视的一环。但目前很多教师仍不太重视素质教育及学生语文核心素养的培养，他们将课文文本视为负担，片面单一评价就结束了教学活动，但这样形式化的走过场带来的收获是微乎其微的。因此，教师应重视教学活动的评价环节，形成多元化的评价模型。

首先是评价主体。新课标中明确：“要充分尊重学生的主体地位，关注学生在兴趣、能力和学习基础等方面的个体差异，引导学生开展自我评价和相互评

---

① 布鲁姆．如何读，为什么读 [M]. 黄灿然，译．南京：译林出版社，2011.

价。鼓励学校管理人员、班主任、家长参与过程性评价。”[①] 支架式教学的评价不能只是教师的一言堂，而应联系教师、学生、家长等各个主体进行多元评价，形成教师评价—学生自评—同学互评—家长评价的有效评价模式。当教师作为评价主体的一员时，要注意关照全体，发现每一位学生身上的闪光点。如果教师仅从回答的角度进行评价，挑选出几位优秀学生的回答展开讲评，忽视了其他学生“平凡”的回答，学生并不能在讲评环节中得到有效的信息反馈，学生语文学习能力难以得到真正的提升，且学习的积极性容易受到损害。

其次是评价内容。评价内容应涉及多个维度，教师既要关注学生知识与方法等的掌握情况，也要在支架式教学过程中关注学生的感悟与提升等情感态度、价值观的发展，实现显性与隐性的双重评价模式。知识与技能不再是独立的评价标准，学生在学习过程中掌握的方法、形成的能力以及情感态度、价值观等方面的进步都可作为衡量学生学习成果的评价标准。正如章熊先生所言，写作课程是“实践的规律性概括，而不是知识概念的逻辑性堆砌”。学生的言语发展状况是不平衡的，因此，需要注重针对性而不是过于强调系统性。对于整个学习过程的考量更具体、更深入，能为每一位学生找到个人发展的切入点。

最后是评价方式。评价方式不应只在支架式教学的最后进行终结性评价，而应将评价贯穿到支架式教学之前、教学之中、教学之后的每个阶段，将活动前的诊断性评价、活动中的形成性评价以及活动后的终结性评价结合起来，建立多元化的支架式教学评价模式，实现支架式教学目标的高效达成。诊断性评价、过程性评价与终结性评价是从评价功能角度划分出的三个基本类型，其中，过程性评价是尊重学生主体地位、关注学生持续发展的质性评价。因此，教师要充分发挥过程性评价的功能，关注具体、多元的评价方式。

在效果评价阶段也会出现另外一个极端。近些年来，很多学者强调生本理念，将学生放在课堂的重要位置。“支架式教学”作为建构主义的一种教学模式，同样也是关注学生的成长，但有些教师产生了“误解”，他们将课堂完全放给了学生，在效果评价阶段将评价的任务全部交给学生，这也会让教学进入另外一个片面的极端，完全的学生评价会缺少方向性和准确性。

---

① 中华人民共和国教育部 . 义务教育语文课程标准（2022 年版）[S]. 北京：北京师范大学出版社，2022.

三、效果评价内容片面

课堂评价应以学生为本，关注学生的发展，发挥评价的教育功能，促使学生在原有水平上有所提高和发展。要有所发展，就需要明确努力的方向。教育评价的定义或许会对我们有所启示："教育评价就是根据一定的价值标准对教育活动所包括的全部领域和整个过程进行评价判断，并以此为根据提出相应的改进或调整的决策。"[①] 对学生课堂表现优劣的界定固然重要，但提出相应的改进或调整的决策更为重要。否则，被片面评价为"你很棒""很会思考"的同学很容易产生骄傲情绪；被评价为"还需要努力"的学生往往会陷入困惑："我又何尝不渴求进步，但该怎样去做呢？"如果我们能够指明前进的方向、改进的措施，并诱导学生们努力去做，那么一定能真正发挥评价的作用。

在教授统编教材四年级下册《天窗》一文时，一位教师将"课文中两次出现'小小的天窗又是你唯一的慰藉'这个是关键词句，联系上下文，谈谈你对这句话的理解"这个问题放到最后讲解，以考查学生对文章的掌握程度，好几个学生发表了自己的看法，但是离标准答案有些偏差。这时教师把参考书上的答案报出来，让学生记录，并让学生将这个问题抄写在《课堂作业本》上。在这学期的期中考试里正好就有原题，所以这个班的答题正确率非常高。这种现象不禁让人深思，教师将理解性的答案标准化实在不妥，但在常规考试中又常有课内文本的阅读题，而且在中国的应试教育背景下，对教师教学能力的高低评判多是看学生的分数，由此产生恶性循环。教育环境存在的问题使得有些教师在效果评价时忽视了语文学科的特征和学生的学情，片面化地根据考试内容进行评价，忘却了语文教育的"初心"。

特里·汤普森说："支架式教学赋予教学模式这样一个特征，把学习过程中责任担当的水准从博学的他者（你）身上转移到少闻的他者（你的学生）身上去。"[②] 支架式教学从根本上说是一个"责任转移"的过程，将教师的"教"的责任转为学生"学"的责任，这个概念是简单的，但将它用于语文教学并非易事。就目前的状况而言，教师在支架建构时会缺少独立思考，出现照搬他人教案的

---

① 桑代克．教育评价——教育和心理学中的测量与评估 [M]. 方群，吴瑞芬，陈志新，译．上海：商务印书馆，1935.

② 汤普森．支架式教学：培养学生独立学习能力 [M]. 王牧华，等译．重庆：西南师范大学出版社，2018.

情况，并忽视了学生和阅读教学的文本，让支架式教学在开始实施前就埋下了错误的种子。在应用支架时，有的教师会忘记“这是教学‘脚手架’，不是一件‘紧身衣’”。

刻板地应用支架使语文教学失去了生机。教师不注重效果评价以及不科学的评价手段则让支架撤离变得仓促无序。支架式教学本身的原因增加了其在小学语文阅读教学中的应用难度，它较高的操作难度以及与我国教学形式的差异性，让很多教师束手无策。支架式教学在小学语文教学中的研究的缺失，也使教学无法拥有太多的范例参考。此外，教师素养的不足和外部环境导致学生学习状况堪忧，也让支架式教学的操作并不顺利。

参考文献

[1] 奥姆罗德 . 学习心理学 [M]. 汪玲，等译 . 北京：中国人民大学出版社，2015.

[2] 布鲁姆 . 如何读，为什么读 [M]. 黄灿然，译 . 南京：译林出版社，2011.

[3] 曹桂芳 . 探寻支架教学方式关注学生阅读能力的研究 [J]. 成才之路，2015(35): 41.

[4] 陈安琪 . 小学语文支架式阅读教学的策略研究 .[D]. 徐州：江苏师范大学，2018.

[5] 陈玉秋 . 思维学与语文教育 [M]. 桂林：广西师范大学出版社，2007.

[6] 储晓丽 . 在小学语文写作教学中支架式教学理论的运用 [J]. 教师博览（科研版），2015(10): 22–23.

[7] 戴尔 . 视听教学法之理论 [M]. 杜维涛，译 . 上海：中华书局，1949.

[8] 丁锦红，张钦，郭春彦 . 认知心理学（第 3 版）[M]. 北京：中国人民大学出版社，2022.

[9] 丁泽丰，池国龙 . 试谈实用文阅读教学的两面 [J]. 语文教学与研究，2013(16): 10–12.

[10] 樊荣 . 支架式教学策略在小学语文教学中的应用研究 [J]. 学周刊（学术刊）. 2022, 5(5): 19–20.

[11] 范利 . 支架式教学在小学语文错题纠正中的有效应用 [J]. 新课程，2020(51): 123.

[12] 范娜 . 教学支架在阅读教学中有效应用的策略和方法 [J]. 中华活页文选（教师版），2021(14): 28–29.

[13] 冯晴 . 阅读教学与思维发展 [M]. 杭州：浙江教育出版社，2006.

[14] 高斯 . 算术探索 [M]. 潘承彪，张明尧，译 . 哈尔滨：哈尔滨工业大学出版社，2011.

[15] 郭芳蕊 . 基于支架式教学理论的小学语文习作教学 [J]. 新课程导学，2020(30): 43–44.

[16] 郭华 . 深度学习及其意义 [J]. 课程·教材·教法 , 2016, 36(11): 25–32.
[17] 郭小瑜 . 小学语文单元习作评价表研究 [J]. 基础教育研究 , 2022(2): 43–45, 48.
[18] 郭玉芳 . 支架式教学下的小学语文习作教学探析 [J]. 文科爱好者 (教育教学), 2022(1): 140–141.
[19] 韩立福 . 学本课堂：概念、理念、内涵和特征 [J]. 教育研究 , 2015, 36(10): 105–110.
[20] 何克抗 . 建构主义的教学模式、教学方法与教学设计 [J]. 北京师范大学学报（社会科学版）, 1997(5): 74–82.
[21] 教育部师范教育司 . 于漪与教育教学探索 [M]. 北京 : 北京师范大学出版社 , 2006.
[22] 李会云 . 支架式教学在小学习作教学中的应用研究 [J]. 教育实践与研究 (A), 2016(5): 32–35.
[23] 林庆丰 . 让个性化阅读教学精彩语文课堂 [J]. 教育艺术 , 2008(10): 52–53.
[24] 卢美利 . 支架式教学在整本书阅读活动中应用的可行性及设计原则 [J]. 新课程研究 , 2020(14): 22–23.
[25] 吕钦 . 小学语文“支架式”文学阅读教学研究 [D]. 苏州：苏州大学 , 2019.
[26] 钱颖一 . 批判性思维与创造性思维教育 : 理念与实践 [J]. 清华大学教育研究 , 2018, 39(4): 1–16.
[27] 桑代克 . 教育评价——教育和心理学中的测量与评估 [M]. 方群，吴瑞芬，陈志新，译 . 上海：商务印书馆，1935.
[28] 尚丽莉 . 小学语文支架式阅读教学分析 [J]. 小学生作文辅导 (读写双赢), 2019(1): 20.
[29] 盛月 . 为阅读搭建支架——语文支架式教学的应用研究 [J]. 启迪与智慧（中）, 2019(9): 34.
[30] 石锁巍 . 浅析支架教学理论在小学语文阅读教学中的应用策略 [J]. 天天爱科学 (教学研究), 2019(7): 20.
[31] 汤普森 . 支架式教学：培养学生独立学习能力 [M]. 王牧华，等译 . 重庆：西南师范大学出版社，2019.
[32] 唐承新 . 支架式阅读法在小学语文教学中的构建与运用研究 [J]. 广西教育（小学教育）, 2020(1): 28–29.

[33] 汪潮 . 语文教学专论 [M]. 北京：教育科学出版社，2008.
[34] 王荣生 . 散文阅读教学设计的原理 [J]. 语文教学通讯 , 2012(11): 29–36, 64.
[35] 王尚文 . 语言 · 言语 · 言语形式——试论语文学科的教学内容 [J]. 浙江师范大学学报（社会科学版），1996(1)：73–75.
[36] 王颖 . 维果茨基最近发展区理论及其应用研究 [J]. 山东社会科学 , 2013(12): 180–183.
[37] 王云生 . 教、学、评一体化的内涵与实施的探索 [J]. 化学教学 , 2019(5): 8–10, 16.
[38] 沃兹沃斯 . 皮亚杰的认知发展理论 [M]. 周镐 , 等译 . 武汉：华中师范大学出版社，1986.
[39] 乌申斯基 . 乌申斯基教育文选 [M]. 张佩珍 , 冯天向 , 郑文樾 , 译 . 北京：人民教育出版社 , 1991.
[40] 吴海林 . 统编教材应用文习作编排特点及教学建议 [J]. 教育视界（智慧教学版）, 2019(18): 25–27.
[41] 吴琳 . 梅林看课堂 [M]. 上海：上海文艺出版社，2006.
[42] 吴梦思 . 支架式教学在部编版小学语文拼音教学中的应用 [J]. 广西教育（义务教育）, 2020(10): 51–53.
[43] 西安小学课题组 . 小学语文“四结合”支架式古诗教学模式初探 [J]. 电化教育研究 , 1998(3): 88–89, 91–91, 98.
[44] 习近平 . 习近平在中国共产党第十九次全国代表大会上的报告 [N]. 人民日报，2017–10–28.
[45] 谢国芬 . 支架式教学 : 让学生表达走向自觉 [J]. 教育观察 , 2019(26): 45–46.
[46] 徐山燕 . 国内支架式教学法研究综述 .[J]. 文教资料，2021(14): 150, 180–182.
[47] 许龙梅 . 为学生语文学习搭建支架 [J]. 语文知识 , 2014(5)：36–38.
[48] 许乃文 , 许健 . 支架式教学对小学语文错题纠正的应用研究 [J]. 安徽教育科研 , 2021(1): 114–115.
[49] 薛法根等 . 文本分类教学·实用性作品 [M]. 福州：福建教育出版社，2016.
[50] 杨洁莹 . 基于概念图的语文支架式教学策略 [J]. 小学教学参考 , 2016(10): 19–21.
[51] 杨九俊 . 语文教学艺术论 [M]. 上海：华东师范大学出版社，2020.
[52] 叶圣陶 . 叶圣陶教育文集 [M]. 北京：人民教育出版社，1994.

[53] 叶圣陶．叶圣陶语文教育论集 [M]. 北京：教育科学出版社，2015.
[54] 尹梦婷．“支架”视域下的中学语文生成性教学 [D]. 乌鲁木齐：新疆师范大学，2017.
[55] 于广谊．小学语文支架式阅读的思考 [J]. 小学生（中旬刊），2020(3): 68.
[56] 余江慧．例谈小学语文写作支架的教学设计 [J]. 新课程研究，2019(14): 27–29.
[57] 袁彩梅．支架式教学在小学生语文错题纠正中的应用 [J]. 小学生作文辅导（语文园地），2021(4): 1.
[58] 张嘉欣．小学语文写作教学中导学支架的搭建 [J]. 基础教育研究，2021(5): 58–60.
[59] 张艳玲．基于支架式教学理论下的小学语文习作教学探究 [J]. 家长，2021(36): 159–160.
[60] 张祖庆．从课堂到课程：教师专业成长 12 讲 [M]. 北京：中国人民大学出版社，2022.
[61] 赵芸．支架式教学在小学第三学段语文阅读教学中的应用 [J]. 基础教育论坛，2020(7): 9–11.
[62] 郑尔君．口语交际在语文教学中的地位 [J]. 当代教育论坛，2011(12)：49–50.
[63] 郑逸农．创设真实写作情境的原则和策略 [J]. 中学语文教学参考，2017(C2): 60–62.
[64] 郑勇．支架式教学理论下的小学习作教学研究 [J]. 小学生作文辅导（上旬），2020(19): 8.
[65] 中华人民共和国教育部．义务教育语文课程标准（2011 年版）[S]. 北京：北京师范大学出版社，2012.
[66] 中华人民共和国教育部．义务教育语文课程标准（2022 年版）[S]. 北京：北京师范大学出版社，2022.
[67] 钟启泉．课堂研究 [M]. 上海：华东师范大学出版社，2016.
[68] 周一贯．小学语文文体教学大观 [M]. 上海：上海教育出版社，2017.
[69] 朱家珑．义务教育课程标准（2011 年版）案例式解读（小学语文）[M]. 北京：教育科学出版社，2018.
[70] 朱熹．四书章句集注 [M]. 北京：中华书局，1983.

[71] 佐藤学 . 教师的挑战：宁静的课堂革命 [M]. 钟启泉 , 陈静静 , 译 . 上海：华东师范大学出版社，2012.

后　记

从现在开始，努力地跬步前行

荀子在《劝学》篇中这样写道："故不积跬步，无以至千里；不积小流，无以成江海。骐骥一跃，不能十步；驽马十驾，功在不舍。锲而舍之，朽木不折；锲而不舍，金石可镂。"语文的教育教学更是如此，需要专注、恒心、毅力。从开始筹划到《支架式教学——语文课堂走向深度学习》这本书的形成，心情非常复杂。有欣喜，一本书终于落地；有遗憾，肯定有什么地方还可以做得更好；也有感谢，有那么多宁波市叶建松名师工作室的小伙伴一起，让真实的想法得以实践、成书。所以，从现在开始，应该是努力跬步前行，继续进步。

有这样的机会真好！我们一群学习伙伴在叶建松导师的带领下，边回忆、梳理，边学习、提炼，将关于语文的一些想法进行思考和实践，并且有了一些启迪，这也是支架式教学的一点小成果。

回顾本书的成书过程，也是团队研究慢慢成形的过程，正如一个果实的成长，经历了发芽、开花、结果、成熟。2000 年，"支架式教学"作为理论概念出现在语文学科教学中，之后的一段时间里，学者们大多针对其理论进行研究。近几年，课堂教学应用是研究的重点。虽然目前针对支架式教学理论本身的研究较为丰富，但是将支架式教学理论与小学语文教学实践相结合的研究成果却凤毛麟角，尤其是针对第三学段的研究和实践更是支架式教学研究领域的一个空白，有很大的研究空间和研究价值。于是，自 2012 年起，"'学本课堂'视域下的小学语文学习单的设计与实践研究"的课题研究在宁波市名师叶建松的引领下开启。该课题在余姚市教育规划课题评比中获得一等奖，叶老师的专著《学本课堂——语文学习单的设计与实施》由东北师范大学出版社出版。在推广和应用过程中，我们渐渐发现，“学习单”的研究进阶应该是“学习支架”，这一点为支架式教学的研究奠定了良好的基础。2016 年，在前期课题研究的基础上，课题组成员着力开展小学第三学段语文阅读支架式教学的研究与实践。随着研究的继续深入，我们边实践边总结反思，不断尝试于各种类型的课堂中。部分教师的教学案例、课堂实录、教学论文等陆续发表，在各级各类论文、科研成果评比中也有获奖。

2022 年，随着宁波市叶建松名师工作室的成立和不断充实，更多的语文成员加入到支架式语文教学的队伍中来。他们努力从“寻找支点”“搭建支架”“攀爬支架”“使用支架”这四个方面推进支架式教学，并以“三个定位”“四个类型”“五个环节”“六个策略”为基点，尝试构建了“三四五六”推进模式，展开“纵向·立体”学习，并将支架式教学与小学语文教学实践相结合，对“支点”的定位、“支架”的搭建更加具体与精准。提炼的支架式教学的推进模式，促进了语文课堂高效、深度的教学。工作室成员一起参加活动，有的上研讨课，有的进行专题点评，大家相互协作，都努力地向着“语文”这个大目标前行。

正因为我们以语文支架式教学的问题开展研究，所以自然而然孕育出了这本《支架式教学——语文课堂走向深度学习》的专著，这也离不开各级科研和课程专家一直以来对此课程研究的倾心指导。

在叶建松老师语文教学的引领下，无论是课堂实践还是教学研究，我们都进行了扎扎实实、锲而不舍的实证研究。

感谢张红波老师、陈燕老师、周仁康老师在书稿的整理过程中为本书理论框架、学术规范给予指导和点拨。在本书初稿形成后，周仁康老师还帮助进行了细致的修改，小到一个标点，大到部分内容调整，周老师严谨的治学态度让我们感动。

《支架式教学——语文课堂走向深度学习》凝聚了我们的智慧和心血，本书还原了我们披荆斩棘的求真之路，再现了我们思考实践的求索过程，书中没有太多的理论，有的是文字中蕴含着的故事和情感。我们特别感谢参与本书的全体编写人员，他们是：

第一章：夏丹丹；第二章：王远熙；第三章：姚瑶；第四章：林科 ；第五章：王莹；第六章：张芳芳；第七章：孙桂珍；第八章：凌芝馨；第九章：王裕芬；第十章：周亭廷；第十一章：邬桢婉；第十二章：韩思敏。

同时，本书编写中得到了宁波市余姚市东冈小学教育集团“达善”特级教师工作站、小学语文“达善”工作坊和宁波市小学新锐教师学科教学优秀团队培育对象（达善·小学语文新锐教学团队）的支持，既有理论上的研讨成果，更有大量的教学实践案例支撑。

此外，我们还要特别感谢所有为“支架式教学”实践研究和成果撰写付出努力和做出贡献的专家、老师、学生、家长和社会爱校人士。对于本书的编写、出版提供过帮助的领导、同仁和社会各界朋友还有很多，在此一并表示诚恳的谢意。

本书是我们扎根于语文实践研究的阶段性成果之一，是开启我们千里之行的重要一步。我们真诚希望专家、同仁们能继续给予更多的关注、支持与帮助，在这条研究的道路上，我们一定会走得更远……

本书编委会

2023 年 4 月 1 日